CHINA'S MOST PROMISING CITIES

谁是中国城市领跑者

— 黄汉城 著 —

人民东方出版传媒
東方出版社

图书在版编目（CIP）数据

谁是中国城市领跑者 / 黄汉城 著 . — 北京：东方出版社，2020.8
ISBN 978-7-5207-1576-8

Ⅰ. ①谁…　Ⅱ. ①黄…　Ⅲ. ①城市经济—经济发展—研究—中国　Ⅳ. ① F299.21

中国版本图书馆 CIP 数据核字（2020）第 109202 号

谁是中国城市领跑者
（SHUISHI ZHONGGUO CHENGSHI LINGPAOZHE）

作　　者：黄汉城
责任编辑：王　端
出　　版：东方出版社
发　　行：人民东方出版传媒有限公司
地　　址：北京市朝阳区西坝河北里 51 号
邮　　编：100028
印　　刷：北京联兴盛业印刷股份有限公司
版　　次：2020 年 8 月第 1 版
印　　次：2020 年 8 月第 1 次印刷
开　　本：680 毫米 ×960 毫米　1/16
印　　张：16.75
字　　数：236 千字
书　　号：ISBN 978-7-5207-1576-8
定　　价：59.80 元
发行电话：（010）85924663　85924644　85924641

谨以此书献给我的家人

目　录

自序　长三角正在变成一个“省”，珠三角正在变成一个“市”

越来越多的迹象显示，长三角正在变成一个“省”，珠三角正在变成一个“市”。中国两大顶级城市群同时发生巨变。

这是很多人没有注意到的事情。

今天，中国的经济版图正在经历一轮大洗牌。北京减量发展，天津告别投资驱动模式深度调整，京津冀越来越淡化经济色彩；中国的经济格局悄然从京津冀、长三角、珠三角的三足鼎立，变成了后两者的双雄争霸。

而面对当前兴起的大国博弈“围剿战”，长三角和珠三角却押注了两条迥然不同的道路。一个扩容，一个收敛。

这必将对中国经济的走向，产生深远影响。

长三角再扩容

2019 年 10 月 15 日，长三角城市经济协调会第十九次会议在安徽省芜湖市召开。会上作出一个决定，将蚌埠、黄山、六安、淮北、宿州、亳州、阜阳 7 个城市纳入长三角范围，实现对安徽的全覆盖。

自此，上海、浙江、江苏、安徽一市三省全部进入了长三角。

安徽位于塌陷的中部，与发达的东部沿海地区有着巨大沟壑。长三角“朋友圈”自 1997 年首次浮出水面后，就一直是上海、南京、杭州几个城市合纵连横的平台，跟安徽没有半点关系。就算是 2008 年北京奥运会盛大开幕，向全世界宣告了中国崛起，安徽也仍旧在“长三角”外围打转。

直至两年之后的 2010 年，省会合肥以及“徽京”边上的马鞍山才被允许加入长三角城市经济协调会，在历史上首次打开缺口。此后，长三角城市经济协调会数次扩容，对安徽始终是左顾右盼。而这一次，长三角明显等不及了。

2019 年，珠三角的定位上升为国家“千年大计”粤港澳大湾区，深圳获批社会主义先行示范区，澳门申请证券交易所或将打破内地金融格局。面对咄咄逼人的珠三角，长三角似乎终于下定决心，把安徽全部纳入其中。

这样做的意图很明显，就是为了在土地资源越来越紧张、老龄化越来越严重的今天，给上海、南京、苏州等核心城市创造出更多“飞地”。在这里，GDP 和税收可以分成利益共享，推动核心城市进行产业转移，腾出土地空间发展更为紧迫的高端产业。

为此，长三角必须拥有一种凌驾于 41 个城市之上的力量，把所有城市纳入一盘棋来统一调度，在不改变竞争的状态下强化“合作”，实现利益格局的二次分配，这种支配世界第六大城市群的力量，让长三角越来越像一个“省”。

长三角的加速膨胀，不是没有来由的。因为，对长三角很要命的事情已经在发生了：

今天的珠三角，正在以前所未有的速度收缩成一个“城市”。

“丧心病狂”的地铁规划

十年前，珠三角就开始尝试收缩。

广州和佛山挑头，于 2010 年开通了最具有同城化象征意义的基建项目——广佛地铁线。

这是全中国第一条跨城连通的地铁线，打破了市与市之间的行政边界，可谓石破天惊。随后，珠三角各个城市的地铁线路蔓延开来。

现在，这些处于交通末梢，彼此孤立的地铁线路，已经到了快要“跨城联网”的临界点。不用多长时间，佛山、广州、东莞、深圳、香港这几大城市的地铁将连接成网，难分彼此。

首先我们来看一下广佛。当前广州 7 号线西延段正在建，预计一两年后开通。这条地铁直达佛山顺德区的世界五百强企业美的集团，简直就是广佛出钱，给美的定制的地铁专线。而且落成后，广州 7 号线西延段还会与在建的佛山 3 号线相交于北滘新城站，通过转乘便能进入佛山南北走向的大动脉。

佛山 2 号线一期也正在建，预计一两年后开通。这条地铁起点是禅城区南庄，由西向东接入华南地区的超级枢纽广州南站，进而对接起广州 2 号线、广州 7 号线。

如此，广佛的地铁网络将首次交融，形成一个完整的“环”。当然，这还只是两地小试牛刀。

2019 年 6 月，广州市规划和自然资源局局长彭高峰做客羊城学堂时，透露出了一个野心勃勃的计划，广州规划建设 17 条地铁与佛山对接融合，足足 17 条！在轨道交通图上，广佛的边界几乎已经分不清了。

这还不是最震惊的。2019 年第二季度，广州给国家发改委上报了一份《城际铁路规划（送审稿）》，里面规划了将广州 18 号线延伸到清远、中山、珠海。

这条线路本来是连接南沙区与广州中心城区的，采用最高运行时速 160 公里的列车，足足比普通地铁快了一倍，从南沙出发 30 分钟可到广州东站，45 分钟可到广州白云机场。目前工程完成近半，预计 2022 年完工。

但是广州远远不满足于此，它还想把这条广州迄今为止最高规格的地铁线路向北延到清远，向南伸至中山、珠海，贯穿整个珠三角西岸。

一旦批准，这条线路的实际长度势必接近 200 公里，将是全球最长的地铁线路之一。真不愧是广东的老大哥！

在珠江的另一岸，几座城市也是蠢蠢欲动。

首先，根据广州跟东莞签订的深化战略合作框架协议，两市至少安排了两条对接线路：广州 5 号线—东莞 1 号线，广州 13 号线—东莞 1 号线。

其次，东莞跟深圳的规划中，未来共有 10 条地铁线路衔接。其中有两条地铁，还是从深圳出发，穿过东莞凤岗镇，借着别人家的地盘跟自己的地铁网络再次相连。

目前，深圳地铁 6 号线跟东莞 1 号线同时在建。彼此的终点站相隔只有 4 公里左右。不出意外的话，这几公里的空白很快就会被填满。

之前有人将粤港澳大湾区 11 市的地铁规划线路画成示意图，其纵横交错的布局宛如一张偌大的蜘蛛网，网友们看到后惊呼，这只能用“丧心病狂”来形容了。

宇宙第一大城市

千万不要小瞧地铁网络的作用。

第一，中国第一条跨城地铁广佛线开通后，很多广州人被引流到佛山过上候鸟生活。羊城借此压制住房价猛涨，成为一线城市中唯一的洼地。

这几年广州每年都净流入四十多万人口，相当于两年即造出一个新的大城市，低房价的作用不容忽视。这些密密麻麻的跨城地铁，会重新优化人口和资源的流动。

第二，跨城地铁一旦线路较长，肯定会建成 120—160 公里 / 小时的快线，实际上是取代了城际轨道，甚至是发挥了准高铁的功能。①

而相比城轨和高铁，跨城地铁又具有无可比拟的优势：车站近、班次密、候车时间短、可通达性更好。

以后任何一个身处粤港澳大湾区的人，无论在哪一个地铁站上车，都可以去到大湾区内的任何地方。这将极大推动大湾区内部的商务来往、思想交流和科技创新。

---

① 世界上第一条高铁日本新干线刚开通时，初期平均运营时速为 100—130 公里。

除此之外，珠三角向内收敛成一个“市”，还有另外一个“大杀器”——跨海大桥。

近来，深圳和珠海紧锣密鼓地启动深珠通道规划研究；广州则于2019年9月公布了深中（深圳—中山）通道支线的环评报告书，预计2024年完工，届时广州的南沙自贸区跟深圳前海蛇口自贸区将得以更快会合。

以前，万里珠江就像一道天堑，阻隔了两岸的密切来往。未来几年，整个珠三角将借由七八条跨江通道形成1—2小时的同城化生活圈。

中国经济体制改革研究会副会长樊纲预测，到2050年，粤港澳大湾区人口将从目前的7000万增至1.2亿—1.4亿。换句话说，未来将有一亿多人口生活在同一个城市。放眼全球，这绝对是“宇宙第一大城市”。

这种奇迹，日本做不到，欧盟做不到，美国也同样做不到。

日本是受限于单中心化。东京周边的埼玉县、千叶县、神奈川县实力较弱，不像粤港澳大湾区一样多中心化，有广深港三个一线城市，莞佛两个二线城市，各自都有实力开建地铁网络。所以东京都的地铁只能做到延伸出去，而无法覆盖整个湾区形成一张大网络。

欧盟是受限于疆土辽阔。虽然欧盟实行关税同盟，人员流动自由，一体化做得不错，但毕竟涉及国家与国家之间的联动，巴黎、布鲁塞尔、柏林、阿姆斯特丹彼此距离遥远，不可能以地铁相连。

美国是受限于人口较少。纽约大湾区和旧金山大湾区人口分别只有2000多万和700多万，无法像粤港澳大湾区一样，依靠庞大的人口规模摊薄建设费用，其边际成本较高。

虽然今天粤港澳大湾区的科技弱于旧金山大湾区，金融弱于纽约大湾区，但是未来当珠三角向内收敛成一个城市的时候，经济增长的能量将超乎想象。

这是上天对于珠三角的眷顾，也是长三角“瑟瑟发抖”的原因。

原本，珠三角就是全中国分工做得最好的城市群。香港是金融中心，广州是商贸中心，深圳是科创中心，东莞和佛山是制造中心，澳门是休闲旅游中心。同化成一个“城市”后，其协同效应更不可限量。

到那个时候，长三角还能追赶上吗？

长三角最大的麻烦

目前，长三角最大的麻烦就是产业同构。在 GDP 挂帅的考核机制下，各地政府集中精力于招商引资、工业发展，以取得好名次获得上级肯定。

激烈的“官员晋升锦标赛”造就了中国奇迹，但也留下一个后遗症，就是有时候地方政府会不顾市场规律，盲目发展同一种产业。

举个例子，从杭州湾的宁波出发，沿着长江出海口溯游而上，你可以看到两岸的石化基地星罗棋布。

有专家发现，23 个长三角沿海沿江城市中，分别有 13 个和 12 个城市在“十三五”规划纲要中提出发展石化和冶金产业。[①] 这种脱离市场供需关系的盲目招商引资，其实最终是损人不利己的。

第一，要在激烈的竞争中虎口夺食，很多地方只能竞相降低土地价格和税收力度。

第二，大规模建设冶金工业园和石化产业园，容易形成恶性竞争，大家都吃不饱，导致园区过剩，建好就撂荒。

第三，由于园区建设周期长，等到企业投产时，市场可能已经饱和。由于这些资本密集型产业项目前期投入巨大，往往背负着大量的贷款，一旦不能盈利，会给地方经济带来沉重包袱。

除此之外，还有一个原因造成了长三角的产业同构问题难以化解，那就是行政壁垒。

打个比方，五年前某项目某产业最适合在上海扎营落户，但是随着各项生产成本、各种外部因素的变化，现在可能更适合在杭州安家。

如果交给市场来发挥作用，这件事情会得到很好的解决，因为企业和

---

① 参见陈雯、袁丰：《产业一体化不是一样化，同质竞争有好有坏》，载于澎湃新闻 2019 年 3 月 28 日。

资本自己就会去寻找洼地，想尽一切办法流向更具有比较优势的地方，最后在另外一个地方形成产业集群，继续发挥规模效应。

但是我们要知道，现在产业链的上下游关联度较高，核心企业外迁，可能会带走一片下游企业，造成产业空心化。①

对于上海来说，虽然腾出的土地空间，可以用来发展更为高端的产业，但如果不能立马招商引资成功，就意味着 GDP 和税收的白白流失。

根据上海市统计局的一份报告，“十二五”期间上海工业企业因产能外移，每年工业总产值规模减小逾 2000 亿元，占全市年工业总产值总量的近 10%，年均影响产值增速 2 个百分点左右。

这种空档期的阵痛，以及对未来的不确定性，使得地方保护主义若隐若现，阻碍了产业的自然转移。尤其是对于国有企业的产能布局，行政干预的痕迹更为明显。

所以，包括上海在内，整个长三角都必须找到一个突破口。

2019 年，长三角扩容将安徽省所有城市纳入其中，以及在上海青浦、苏州吴江和浙江嘉善的交界处建设长三角生态绿色一体化发展示范区，其实都是为了在更大的范围内开建飞地经济，用利益共享的财税分配机制来消除行政壁垒：迁出地出企业，迁入地出土地和税收优惠政策承载产能转移。双方在 GDP 和税收上实行分成，互惠互赢。

这样，大家才能顺利疏解非核心产业，集中力量转型升级，做最有前途或者说最为急迫的高端产业，上海专心做人工智能、生物医药和先进装备制造业，宁波做新材料，南京做软件，苏州做新一代电子信息产业等。

这一招，至关重要。如今大国博弈的背景下，留给中国制造弯道超车的安全期更短了。一刻都不能耽误。

说来也是有趣，今天长三角与珠三角的命运抉择，似乎又再次验证了地理决定论。

---

① 参见沈韶华：《近年来上海产业区域转移情况调查报告》，载于《统计科学与实践》2016 年第 4 期。

长三角有连片的平原，一马平川，很容易走上一条扩容膨胀的道路。这也是长三角能变成一个“省”的空间基础。

珠三角以外便是粤东西北山区，山峦阻隔，外延空间不足，天然有向内收缩成一个“市”的趋势。

历史性分野

长三角和粤港澳大湾区，这两个中国最顶尖的城市群，有着迥然不同的前世今生。

1757 年，清王朝实行海禁，关闭了闽、浙、江三海关。大清帝国几万里的海岸线宛如一道铜墙铁壁，仅剩下广州这一个缺口，使得后者在长达 85 年的时间里，垄断了所有的对外贸易。

广州凭什么独享荣光？为什么在众多口岸当中，清政府偏偏保留了广州作为通商口岸？

原因听起来有点不可思议：广州黄埔港是一个内河港，而不是一个深水海港。这看似违反经济规律，却有着实实在在的合理性。

美国历史学者范岱克指出，18 世纪初，从澳门沿珠江而上，前往广州黄埔古港的航行是十分危险的。因为珠江漫长而低浅的河道，对于吃水深的船只出入构成很大的限制。

在当时的风力帆船时代，远洋而来的商贾大船不仅需要候潮进入，还必须雇请当地的渔船舢板来引水，一方面起到了导航的作用，一方面是作为拖艇发挥了牵引动力的作用。如此，洋船才能确保一直行驶在主航道上，避免被卷进漩涡或者发生最大的灾难——搁浅。

这恰好利于天朝控制一切贸易程序。粤海关监督拥有了决定何人可以得到许可沿江而上、何时可以离开的权力。①

如果外商得罪了清政府，将不会有任何引水人为之服务。如果外商没

---

① 参见范岱克：《广州贸易》，社会科学文献出版社 2018 年版，第 33 页。

有缴清港口费和关税，没有还清欠款，他也别想离开广州进入外洋。

如果是一个深水良港，洋船起锚就走，清政府便无法支配整个体系。选定广州，在经济上可能违背规律，在政治上却是合乎逻辑的。

“黄埔锚地附近没有任何重要设施可以让外国人破坏或者制造威胁，而且此地远在广州射程之外。只要外国船只被限定在黄埔，他们就与地方行政中心和中央政治中心有着非常安全的距离。所有这些因素结合起来，使广州自然而然地成了中国外贸的中心。”①

与之相伴随，广州涌现出买办、通事、行商等新生群体，这个仿佛从地底下冒出来的新贵阶层，进一步巩固了广州千年商都的地位。

浅浅的珠江内河道，造就了广州的繁华，并且阴差阳错地启动了一个连锁反应。

1842 年，英国在选择其中国“基地”时其实有两个选项，一个是香港，一个是舟山，两个地方均有无与伦比的海港，都有成为远东贸易跳板的潜力。最后之所以选择香港，有很大的考虑是它离当时中国最重要的贸易中心广州城很近，方便英国人渗透入天朝的贸易血管。可以说，香港是因广州而生。1980 年，深圳又因香港而生。于是，不到四十年的时间里，粤港澳大湾区同时拥有了三个一线城市。

今天的香港是全球最自由的经济体，金融实力远超上海。至今它仍然是海外资本进入内地的中介桥梁，以及内地寻找全球低廉融资的跳板。

广州作为“第三世界的首都”，帮助中国具有比较优势的中低端产品走向世界。而深圳摆脱了“山寨之都”的阴影，成为“下一个硅谷”的有力竞争者。

追溯起来，当前粤港澳大湾区格局的肇始点，就是洋船没办法自由出入的珠江。反观长三角，这里兴盛更迭的城市脉络，则是由一条大江所决定的。

在第一次鸦片战争中，英国人用坚船利炮逼迫清政府开放上海。这是

---

① 参见范岱克：《广州贸易》，社会科学文献出版社 2018 年版，第 13 页。

几个通商口岸中，最成功的一个选择。

其实，当时的苏杭等地，远比上海县繁荣得多，但英国人“慧眼识珠”。拿下上海，就等于掌控了半个中国！

作为长江的出海口，上海独特的区位优势不可复制。它扼江临海，锁南北之喉。以上海为根据地，沿着长江而上可轻松进入中国的经济腹地。经由京杭大运河这条南北大动脉，可以抵达中国的政治中心。它完全有潜力替换苏州，成为中国的经济中心。

1843 年上海开埠后，英法等外资纷至沓来，洋务派在这里进行工业化布局，民族工商业也蓬勃发展。仅用不到一个世纪的时间，上海就成了远东第一大都市。

此后多年，上海一直是全国最大的工业城市，辐射了整条长江经济带。20 世纪 30 年代带动无锡成为“小上海”。八九十年代让其“后花园”苏州，得以借力外资实现快速发展。

21 世纪初，苏通大桥、崇启大桥陆续开通后，通过产业转移持续为南通输血，让这座全国最“老”又人口净流出的城市，不仅成功逃出深渊，而且还一跃成为“北上海”。

包括杭州、宁波、南京、苏州在内的每一个长三角城市，都迫不及待地想要通过跨江大桥、高速铁路融入上海。而上海确实不负所望，像龙头一般带动了整片区域的腾飞。

可以说，是一条“小”珠江奠定了粤港澳大湾区的命脉流向，一条“大”长江奠定了长三角百余年的历史格局。珠江和长江不同的水文条件，造就了珠三角和长三角历史性的分野。

回溯历史我们可以发现，国家力量让广州“一口通商”，经过复杂的历史演变衍生出了香港、深圳。而这一片土地，成了中国市场化程度最高的地方。

深圳政府被誉为“空气政府”，它很少干扰企业决策，给市场造成紧迫感，但企业遇到问题的时候它又会及时出现，几乎无处不在。佛山市本级财力全国最弱，它下放权力给最基层，激活草根民营经济。广州的公民社会发达，培育出了“广东政协现象”等独特风景，这在全国所有省会城市当中绝无仅有。

而国际武力让上海开埠，带动了苏州、无锡、常州、杭州、宁波等地的繁华，最后这一片土地，除了浙江之外却成为中国地方政府公司主义的代表。

像安徽省会合肥，就是全中国最成功的“风投公司”，地方政府充当投资合伙人，凭空创造了很多新兴产业。上海被认为是“用计划经济手段搞市场经济”，习惯于用国企的力量，来经营城市建设，比如在开发洋山港、张江科学中心等重要平台时便是如此。在江苏先期的“苏南模式”中，政府主导了乡镇企业的发展方向，等到集体经济衰落、开始发展外资经济时，还是由政府出面，用土地税收等优惠条件撬动招商引资。

在人们的印象当中，珠三角是以“弱政府”的形式，引导市场经济发展。而长三角除了浙江之外，更倾向于以“强政府”的方式，来主导市场经济发展。

一个是自下而上，一个是自上而下。权力扮演了迥然不同的角色。

如今珠三角聚变，长三角裂变，谁能够更快突出重围，成为真正的“宇宙中心”？

第一章　谁是中国最强城市群？

珠江两岸风云简史：跨海大桥背后的地方政府博弈

珠江口，直径范围不过一百多公里。

在这片狭小的土地上，分布着一个副省级城市，一个计划单列市，两个经济特区，两个资本主义制度的特别行政区。

不同城市的势力范围犬牙交错，这种多头格局，注定了珠三角的区域竞争，极为错综复杂。

各大港口都在争夺国际航运中心宝座，几个机场轮流争抢货运客流，广深港在资本市场上争夺金融中心地位……

过去四十年的历史进程里，珠江两岸风起云涌，各城市相互间的利益博弈就一直没有停息过。最为典型的，莫过于几座跨海大桥。

献礼香港回归的虎门大桥，彻底重塑了珠三角的港口格局；全球最高海中大桥的深中通道，到今天为止仍是广州的一块心病；耗资上千亿的港珠澳大桥，宣告了香港的胜利，也给深圳留下了一段不虞的回忆。

这几座大桥的命运浮沉，似乎也预示着正在规划研究的“深珠通道”会充满很多的故事。

广州如鲠在喉

2019 年下半年，冲刺“全球城市”的深圳，启动了深珠通道规划研究，初步将深珠通道规划为公铁两用通道，采用西桥东隧方式敷设。

酝酿多年的深珠通道，终于吹响了第一声响亮的号角。深圳、珠海抢在粤港澳大湾区出台的风口下，率先谋定一颗重要棋子。不过，它也触动了很多利益方的心弦。

比如说广州。随着上一条跨海大桥——深中通道的竣工时间越来越近，广州的焦虑几乎逼近顶点。

这座大桥十分宏伟，设计桥面高达 90 米，相当于 30 层楼的高度，建成后将是全球最高海中大桥。而且一旦通车，中山到深圳的距离将从目前的 2 小时缩短为 20 分钟。这意味着塌陷多年的珠三角西岸，将一举进入世界级城市的辐射圈。

但就是这样一项足以写入历史的超级工程，对广州来说却如鲠在喉。自深中通道开始筹划时起，广州就极力反对今天这种“东隧西桥”的建设方案。

在千年商都的眼里，深中通道有可能会让广州付出巨大代价——让剑指国际航运中心的南沙港彻底沦为内河港。

2008 年，深中通道开展工程可行性研究。当时有关部门提出了好几种方案：全桥、全隧、东桥西隧、东隧西桥。

深圳反对东桥西隧和全桥。因为大桥东岸靠近深圳宝安机场，30 层楼的高度会对起落的飞机造成干扰。只要东岸有桥，深圳就认为不适宜。剩下就是全隧和东隧西桥方案。

广州内心很排斥“东隧西桥”。虽说在这种方案中，大桥的通航净空为 73.5 米，可通航 30 万吨级集装箱轮船，但是广州认为，随着船舶大型化趋势的发展，未来 73.5 米的通航净空可能会不够用，至少无法完全排除这种可能性。

因此，对于广州来说，以东隧西桥方式开建的深中通道，就像一根门梁一样卡在了南沙港的主要出海航道——伶仃航道上。[①]在这方面，羊城可不想重蹈虎门大桥的覆辙。

1997 年 6 月 9 日，历经四年半的日夜奋斗，耗费两万多吨钢材的虎门大桥正式通车。这是中国自行设计的第一座特大型悬索桥，主跨度 888 米，为国内第一长。

它的出现，使得珠江口两岸实现了历史上的首次“握手”，粤港澳三

---

① 参见彭岩锋：《广深中博弈：一座大桥引发的争议》，载于《财新周刊》2018 年第 48 期。

地不再“一水隔天涯”。时任国家最高领导人还为此献上墨宝，大笔一挥题下“虎门大桥”四个字。

建这座大桥时，每个人都能感觉到身上沉甸甸的压力。虎门大桥除了是“世界第一跨”，建设难度很大之外，还具有深远的政治历史意义。①

一百多年前，这片水域曾经见证中国的衰落。在鸦片战争中，大清为了阻止英国舰队挺进广州城，在这里布下两条拦江木排铁链，试图锁住江面，但还是被“日不落帝国”的枪炮轰开国门。最后中国割地赔偿，丢失了香港。

赶在1997年7月1日前通车，既是送给香港回归的一份厚礼，也是向全世界发出信号：沉睡的雄狮已经苏醒过来了。

当时谁也没有想到，这样一个世纪工程，后来却彻底打乱了广州的城市发展进程。

中国工程院院士王梦恕透露，虎门大桥通航净空设计为60米，当时已是全国最高的通航标准，声称可满足50年船舶大型化的要求。但是没用多久，它就很有必要拆除，改为隧道。据财新报道，通车约四年后，载重10万吨以上的集装箱船便无法通过虎门大桥。

大桥化身拦路虎，广州布局在珠江沿岸的番禺、五和、新塘、黄埔、新沙港，通通沦为“内河港”。

不得已，广州只好往南推进60公里，在南沙另建新码头。新港口区的野心很大，直接对标东京湾的大阪、马六甲海峡的新加坡临海工业园。南沙港是广州与深圳、香港在集装箱运输方面相抗衡的利器，也是广州冲刺国际航运中心的重要载体。

多年来，深圳作为后起之秀，一直在步步紧追。华南理工大学教授袁奇峰认为，深圳其实是在广东省的非广东城市，本质上是国家布局在广东的一块飞地。

在这场耀眼的双子星竞赛中，广州天生有些吃亏。作为省会，广州每

---

① 参见郑明珠：《虎门大桥试通车》，载于《公路》1997年第6期。

产生 1 元财税收入，就有 0.75 元要上缴给中央和广东省，用来转移支付，扶持粤东西北的小兄弟。而深圳是计划单列市，其税收只需要上缴中央，剩下的几乎可以全部留存，发展速度肯定要更快。

所以，南沙港寄托了广州重新成为“带头大哥”的希望，必须举全市之力支持。后来的南沙港不负众望，成功跻身世界十大港口，广州也得以从一个沿江城市变成沿海城市。

支撑起南沙港的，正是全球最繁忙水道之一的伶仃航道。当年国民党败退台湾岛时，伶仃航道还处于天然状态，最浅水深约 5 米，仅可通航 5000—7000 吨级船舶。

奔流不息的珠江，每年平均裹挟着 8872 万吨泥沙顺势而下，在入海口堆积。为了打通这条大动脉，广州历任决策者可是花了很多心思。

自打虎门大桥完工后，广州就开始砸下巨资，实施出海航道一、二、三期工程和航道拓宽工程，将航道一步步浚深至 17 米，满足 5 万吨级船舶双向通航，全天候通航 15 万吨级集装箱船。

作为南沙港的生命线，伶仃航道也是千年商都的生命线，广州断然不会让它受阻。哪怕只是一种可能性。

浓浓火药味

广州是左右为难啊。珠江湾口，深中通道全长 24 公里，其中海底隧道 7.1 公里，桥梁 16.9 公里。

有些人可能会认为，7.1 公里的海底隧道足够宽了吧，南沙港的超级巨轮完全可以绕行此处，根本就不存在“卡脖子”的问题嘛。

实际上，海底隧道所穿过的矾石水道，地质为岩石，水深也远远不够，平常也就通行 1 万吨级以下轮船，20 万吨以上的超级巨轮根本就走不了。①

---

① 参见姚海元、扬懿、查雅平、董敏:《深圳至中山跨江通道矾石水道远期预留航道等级论证》，载于《水运工程》2018 年 2 月第 2 期。

既然东边行不通，那把西边的桥面拔高一下可以吗？不就多费几吨钢材嘛。这种想法，则完全忽视了对大桥的抗风性要求。

珠江口濒临南海，且不说这里频发台风，单是平常主要刮的南北风也够令人头痛的。因为桥梁是东西走向，越往高处，横风的威力就越大。专家认为，73.5 米的通航净高已逼近极限，如果再高，可能会对行驶的汽车造成安全隐患。

作为超级巨轮进出南沙港的必行之道，伶仃航道对广州来说，宛如悬崖边上的一座独木桥。

广州一直担心，万一以后哪天，集装箱船型大到通不过深中通道，南沙港可能就“废”了。

财新报道称，上海船舶运输科学研究所预测到 2060 年，2.2 万—2.8 万 TEU 的集装箱船将成为主流船型，而且船舶还会继续向 3 万 TEU 船型发展。3 万 TEU 集装箱船空载时，水线以上高度将达 74.8 米，这已突破 73.5 米的高度限制。

所以，在深中通道征求意见阶段，广州就提出南沙的发展可能会受到“东隧西桥”的制约。由于广州的“不妥协”，深中通道自 2008 年启动规划研究后，一直处于反复论证中。

等到 2014 年，深圳和中山终于坐不住了。当年 8 月，来自深圳和中山的多位全国、省人大代表聚在一起讨论，会上充满了浓浓的火药味。[①]

“广州作为老大哥，要有大哥的风范……”

“一定要从全局出发。而不是因为一个城市的阻碍，就把这么一个利国利民、利于粤东粤西发展的项目搁置这么长时间，应该引起有关城市的警醒，真的不要成为历史的罪人。”

“建议几个地方的人大代表也可以通过省人大，直接约谈广州市政府和相关职能部门。”

---

① 参见王世峰、何伟楠、肖成、吴进:《深中通道十年难产》，载于《南方都市报》2014 年 8 月 7 日。

……

关于深中通道的博弈过程，外界很难全部知晓。不过从媒体流传出来的只言片语，已足见其激烈。

2015 年 12 月，深中通道项目工程可行性报告终于获得了国家发改委批复，项目一锤定音，明确采用东隧西桥方案。而通航净高，从 73.5 米提升至 76.5 米。

广东省发改委后来也公开在官网上回应说，深中通道采用东隧西桥方案，是国家和广东省经过长达 14 年充分研究论证作出的科学审慎决策，得到了国内外权威机构和专家的认可。深中通道的通航安全影响经过了国家权威机构的论证，伶仃航道采用的通航净高（76.5 米）为世界桥梁之最，充分考虑了广州港所有代表船型的通航需求，充分考虑了未来船舶大型化的发展需求，充分考虑了特种工程船舶及海工装备进出需求，能够满足广州南沙港航运发展的需要。

无法阻挡的宿命？

其实，纵观过去四十年的历史进程，珠江两岸的利益博弈，从来就没有停息过。

1983 年，香港基建大王胡应湘提出伶仃洋大桥计划，连接香港跟珠海。珠海对此非常支持。1989 年，珠海举办春节外商联谊茶话会，趁机放出这一颗大“卫星”，各界哗然。

首先跳脚的是澳门。因为这个计划撇开了澳门，一旦建成，澳门势必会被边缘化。于是，博彩中心连同北京某高校做了一个反对报告，上报给中央。

香港则很冷淡，认为按照内地的发展水平，大桥至少要等到“20 年以后才有需求”。

伶仃洋大桥计划就此搁置。

转眼到了 2002 年，珠三角腾飞为世界工厂。为了将珠江两岸的高速公路贯通起来，广东准备修建深圳到珠海的隧道。香港大吃一惊，假如先建了这座通道，香港就会被边缘化。这才如梦方醒，积极推进。

特首董建华造访中央，陈述建桥的必要性，得到中央支持。随后，伶仃洋大桥改名港珠澳大桥，一段旷日持久的桥型之争就此拉开序幕。

内地推崇“双Y”方案，用一座大桥将两个经济特区和两个特别行政区连起来，珠海澳门对深圳香港。但是香港看着昔日的小渔村崛起，有点酸溜溜。

20世纪胡应湘刚提出伶仃洋大桥计划时，香港的葵涌港几乎垄断了内地的全部出口贸易。现在，深圳的盐田港正以每年50%的速度增长，大有争抢中国南方物流老大的势头。如果建成“双Y”，珠三角西部及粤西地区的出口货物就会分流到深圳，挑战香港转口港的地位。①

于是，香港力推“单Y”方案，将深圳排除在外。几方争执不下，决定权交到了中央。为照顾香港利益，维护香港的长期繁荣稳定，“双Y”方案被否。

广东也只能顾全大局了。毕竟，香港可是全世界观察“一国两制”的窗口，香港的命运走向，关系着全球对“一国两制”的评价和判定。

就这样，从设计到完工，港珠澳大桥历时14年才得以出世。不过，由于缺乏深圳这个民用汽车保有量300多万辆的一线城市，这座耗资1100亿元的大桥，面临着“喂不饱”的巨大尴尬。设计寿命120年的港珠澳大桥，可能要很久很久才能收回成本。②

具有宿命意味的是，尽管香港在单双Y方案的角逐中大获全胜，但它仍无法阻挡深圳的赶超。

2018年，也就是港珠澳大桥通车的那一年，深圳GDP一举超越香港。后者“傲娇”了大半个世纪的历史，宣告终结。

追溯起来，作为超级联系人的香港，还是因广州而生的。

---

① 参见刘淳：《香港学者纵论粤港风云》，载于《中国改革》2004年1月1日。

② 参见黄汉城、史哲、林小琬：《中国城市大洗牌》，东方出版社2020年版，第119页。

1842年，对于其中国“基地”选在哪儿英国人心中其实有两个选项，一个是香港，一个是舟山，两个地方都有成为港口城市和远东贸易跳板的潜力。选择香港的一大原因，就是看中它靠近当时中国“一口通商”的广州城，区位优势明显。

过去两千多年，广州一直是华南地区的中心。它以带头大哥的身份，俯视两岸潮起潮落。

但今天的历史我们都看到了，广州派生了香港，香港又派生了经济特区深圳。最后，深圳超越了广州与香港，并从几个一线城市当中脱颖而出，被选定为社会主义现代化示范区。

未来，深圳将代表粤港澳大湾区，成为承载国家意志的“全球城市”。历史真是充满了戏剧性。

不同制度叠床架屋

放眼世界经济史，一条大江大河的出海口上，能够同时集聚几个实力相仿的超级城市，是非常罕见甚至可以说是不曾有过的。

在这里，全球前十大港口就占了三个，全球前二十大机场就占了两个，全球前十大金融中心就有两个……

没有绝对意义上的龙头，也就没有绝对的上与下，谁都可以为自己的利益说话。

回想21世纪初，上海也曾受到长江拦门沙的拖累。不过，在中央的高度重视下，上海硬生生把浙江省洋山岛的管辖权拿了过来，开建洋山深水港。那里的海域水深可达数十米，一劳永逸地解决了这个问题。

这在珠三角则完全不可想象。

全中国根本找不到第二块地方跟珠江口一样，直径不过一百多公里的范围内，分布着一个副省级城市，一个计划单列市，两个社会主义的经济特区，两个资本主义制度的特别行政区，三个省级行政区政府。内地有自己的考核机制，特区有世界目光的牵扯。不同的制度之间叠床架屋，犬牙相制。

这种极为特殊的格局，注定了珠江两岸的利益博弈，一定是极为错综复杂的。任何一方的诉求，都必须在中央大局与地方利益之间，省份与特区之间，城市与城市之间，寻找到一个平衡点。

过去几座大桥沉沉浮浮的命运，预示了今天的“深珠通道”一定有说不完的故事。

为什么江苏有三个“省会”？

2020年初，江苏各个地市组团去湖北抗疫，从口号到横幅，俨然一种“十三太保”画风，以至于江苏被舆论戏称为“散装大省”。

从地理经济学的角度来看，江苏的“不团结”并非一种偶然。你可能根本就没有意识到，江苏其实是全中国“省会”城市最多的地方，而且足足有三个：上海是实际省会；苏州是影子省会；而名义省会南京，实际上是隔壁安徽省的“省会”。①

江苏背后的大上海

省会最重要的功能是什么？

两个层面，政治上要做好带头大哥的角色，向上代为争取中央政策，向下平衡各市之间的竞合博弈，协调好各方利益；经济上要辐射全省、服务全省，带领全省兄弟向前发展。

以广东为例。这两年广州的GDP被深圳赶超，但从来没有人怀疑过千年商都的省会地位。这是为何？

从财政贡献的力度来看，广州远超计划单列市深圳，每年都有庞大的资金转移支付，用于扶持粤东西北的小兄弟。

从生产要素的流动来看，广州又是整个广东省的核心平台。作为国务院指定的国际综合交通枢纽，这里有客流量全国第一的高铁站广州南站，有吞吐量全球第五的集装箱码头广州港，有客流量全球第十三名的白云机场。

---

① 参见史昂：《双城记：为何南京总是比不过苏州》，载于凤凰网政务2019年4月2日。

凭借着这些超级工程，广州将整个广东纳入经济腹地。虽然深圳的崛起对广州造成了冲击，但并不影响广州的枢纽地位。广州的机场吞吐量、沿海港口吞吐量均位居广东省第一。

表 1–1　2019 年广东省机场吞吐量排名

机场	旅客吞吐量（万人次）	货邮吞吐量(吨)
广州 / 白云	7337.8	1919927
深圳 / 宝安	5293.1	1283386
珠海 / 金湾	1228.2	50989
揭阳 / 潮汕	735.3	27811
湛江	298.3	6062
惠州 / 平潭	255.3	8916
佛山 / 沙堤	87.7	286
梅州 / 梅县	67.2	157

数据来源：中国民用航空局

表 1–2　2019 年广东沿海港口货物吞吐量排名

排名	城市	吞吐量(万吨)
1	广州	60616
2	深圳	25785
3	湛江	21570
4	东莞	19032
5	珠海	13838
6	惠州	8353
7	江门	4479
8	阳江	3235
9	汕头	3155
10	茂名	2508
11	揭阳	1898
12	汕尾	1310

续表

排名	城市	吞吐量(万吨)
13	中山	1269
14	潮州	824

数据来源：交通运输部

南京的尴尬就在于，即便没有自己，江苏省的经济似乎也能运转自如。因为对江苏很多城市来说，上海才是它们与世界发生联系的转换平台，而不是南京。

江苏省干线航道规划总里程达 4010 公里。这些内河航道可行驶千吨级船舶，通江达海。

但是，来自苏北、苏中地区的煤炭、矿石、集装箱，不管是经南通还是京杭大运河南下，一旦进入长江干线，大多都是直奔下游出海口的，根本就不需要经过南京。

这些货物要么直接汇集到上海航运中心的组成部分太仓港（苏州），进行集并中转，要么作为喂给港的货源转到上海洋山港出海。如果往东从连云港起航也是一样的道理，苏北、苏中的货物并不需要经过南京港。

如果不走水运，改走铁路和公路进出口，情况也是差不多的。

作为中国百年来最繁华的城市，上海位于全国黄金海岸线的中央，又坐拥万里长江的出海口，交通区位极为特殊。全江苏都想要融入这个超级十字路口。

所以，历年来江苏的基建布局并非以南京为中心的“米”字形结构，而是多面开花的“井”字形结构。不管是铁路系统还是公路系统，一定是优先导向上海，先接入上海再说。

这样做的结果，自然是让上海变成了江苏省的货物集散中心、贸易中心以及经济中心。

在海运时代，上海以“最低的成本”，帮助扬州、南通、盐城等市嵌入全球经济的大循环当中。

进入航运大都市时代后，上海又以“最快的速度”，帮助苏州等市的电子产品攻占全球市场。[1]

过去持续多年的全球产业转移大浪潮当中，苏锡常之所以有那么多跨国公司争相涌入，成功将比较优势转化为现实生产力，崛起成为世界工厂，有一个很大的原因就是靠近上海。人家看中的，是苏锡常作为上海后花园的区位优势。

在这个伟大的历史进程当中，南京的角色其实是比较边缘化的。

因为上海作为国际贸易中心、航运中心、金融中心，拥有全中国最一流的现代服务业，代替了南京为全江苏提供高端服务。镇江的企业要上市融资，找的是上海证券所。常州的工厂有一笔国际贸易纠纷，可能会去上海自贸区寻求一家中外联营律师事务所的帮助……

“东方巴黎”才是江苏省经济腾飞的关键。如果说南京是江苏省的“政治省会”的话，那么上海就是江苏省的“经济省会”了。

代言人苏州

帝制时期，苏州曾经做过江苏的首府。

改革开放后，苏州不再是政治老大，但影响力犹在。它以中国第一大普通地级市的身份，继续充当着江苏精神上的“领袖”，即藏在南京背后，指引全省发展方向的“影子省会”。

想当初，转型期的中国一片混沌，问题丛生。别说基层搞不清楚方向，就是高层有时候也会有一些迷茫。上上下下都在摸着石头过河。

有的人怕掉脑袋，干脆站在岸边原地不动；有的人则随波逐流，被时代裹挟着前进。而苏州跟别人不一样，这座具有冒险精神的城市一个猛子扎入水里，主动为江苏蹚出了好几种范式。

在集体经济方面，这里的“苏南模式”曾经盛极一时。整个 20 世纪

---

① 苏州工业园区、昆山等地的高附加值电子产品，两小时内就能搭上上海浦东 / 虹桥机场的飞机货舱。这里有飞往全球的、密集的国际航线，因此苏南出货效率极高，产品一天之内就可摆上世界各国的货架，从而在激烈的市场竞争中站稳脚跟，成为全球电子信息产业基地。

80 年代和 90 年代初期，以乡镇企业为主体的苏南模式可谓风光无限，江苏一度想把这种经验复制到全省去。

等到苏南模式衰败之后，苏州又在外资领域及时探索出了“中新工业园模式”，仿佛一夜之间，金鸡湖畔就矗立起了技术和资本密集型产业，令旁人大为羡慕。近年来，园区经验还输出到宿迁、南通，在当地仿建了苏宿工业园、苏通科技产业园，深刻影响了当地的区域经济。

在现代化治理方面，苏州还诞生过“昆山经验”，为地方政府从管理型转向服务型作出了参照样本，苏北乃至全国争相效仿，甚至比拼起谁才是最好的“保姆”。

……

苏州的模式总是不鸣则已，一鸣惊人。它不仅一次又一次地刺激到省内兄弟，也让这些欠发达的地区看到了希望——只要把标兵的经验学到手，奇迹就能触手可及！

中国是一个发展不平衡的大国，又具有“地方政府公司主义”的特征，区域竞争极为激烈。但只要苏州走在前头，江苏省内其他城市就都有了奔头。

长期以来，苏州的 GDP 一直领先于名义省会南京，至今南京 14030 亿元的经济体量只相当于苏州的 72.9%。但是单靠规模上的领先，并不足以让苏州成为精神领袖。

最最关键的原因在于，这样一座普通地级市，在历史上不止一次地把江苏省推向了全国的视野。江苏省得以纳入中国的主流话语体系当中，闯关者苏州，作出了很大贡献。

中国好些省份都有双子星城市，像山东省的青岛、济南，辽宁省的大连、沈阳，福建省的泉州、福州。这些非省会城市虽然也有独辟蹊径的发展经验，但都不如苏州的几种模式来得那么轰动，那么具有标杆性意义。

可以说，苏州一直以来就是江苏改革开放的象征，它代表着江苏，与浙江温州模式、广东深圳模式分庭抗礼。

它的存在，证实了江苏绝不是一个平庸的省份，这让在城市“鄙视链”中处于下游的苏北共享了荣光。

因此，苏州在精神层面上可以算是江苏省的“文化省会”了。

为什么南京叫“徽京”？

在长三角城市群当中，南京的 GDP 一度落后于上海、苏州、杭州、无锡和宁波，排名第六。2014 年，南京才首次超越无锡上升至江苏省第二。

不过，我们千万别小看南京的能量。它虽然在江苏省内是名义省会，但在安徽的地盘上，却是实际省会。

放眼全国，省会城市通常都坐镇中心，但南京的地理位置却十分特殊。它偏居江苏一隅，远离地理几何中心，而且被安徽三面包抄，几乎快要镶嵌入安徽体内。这种独一无二的格局，天然决定了南京对内辐射较弱，对外辐射很强。

在空港方面，南京出钱修的禄口国际机场，实际上成了安徽滁州、马鞍山、芜湖、宣城等市的共用机场。因为相比合肥新桥国际机场，这里要近好多。

在铁路方面，除了宣城之外，安徽剩下的 15 个地级市全都跟南京通了高铁。而江苏省至今还有 4 个城市没有跟南京通高铁，只有动车来往。这也导致了很多看似不可思议的现象：

南通作为江苏省下一个“万亿俱乐部”成员，与省会南京的距离跟安徽池州差不多，但是坐动车到南京却需要 150 分钟左右，比从池州搭高铁到南京多出一倍有余。

表 1–3　江苏、安徽各市至南京高铁（动车）时长

城市	时间 / 分钟	直线距离 / 公里
滁州	17	48
马鞍山	18	50

续表

城市	时间 / 分钟	直线距离 / 公里
镇江	20	60
芜湖	38	86
常州	40	115
蚌埠	42	163
扬州(动车)	50	68
无锡	55	156
池州	60	200
苏州	60	190
铜陵	71	155
宿州	75	245
徐州	80	275
六安	85	217
泰州(动车)	88	115
淮南	90	178
安庆	120	237
淮北	131	280
阜阳	135	294
南通(动车)	150	197
宿迁	161	217
亳州	170	343
淮安	191	168
黄山	200	265
连云港(动车)	325	285
宣城	—	
盐城	—	

数据来源：12306 网站（注：时间取平均值）

扬州也是这样，它本身就在南京脚下，是南京都市圈最核心的组成部分，但时空距离却比 160 多公里之外的安徽蚌埠还要“远”，真是令人匪夷所思。

在地铁方面，南京在2002年规划了全国第一个跨省的都市圈——南京都市圈，旗下成员有一半是安徽省的城市。近年来，南京规划的地铁已经跨出了本城区划范围，延伸到了安徽地区，像S2号线连到马鞍山、S4号线连到滁州、S8号线连到天长，试图将它们纳入半小时生活圈。

在产业方面，南京的产业层次比皖江沿线更高，所以南京一直在向外转移产业，给自己腾出升级空间。目前已经与周边形成了一定程度的“前店后厂”关系。以滁州为例，西门子集团旗下的博西华家用电器公司，生产环节放在滁州，研发环节则在南京。南京还有多家汽车配套企业集体转移至滁州汊河开发区，为南京的几家整车厂生产配套零部件。

这种强辐射的市际组合关系，难道还不足以说明南京是别人家的“省会”吗?

当然，不单单是南京在服务着安徽省，半个安徽省也在以各种方式“供养”着南京。

滁州供应了南京四分之一的粮食，马鞍山和县供应了南京一半的蔬菜。每年安徽省都有大量的肉禽产品、小龙虾等运入南京，滋养着南京人的身体。

而且大量的安徽人来到南京闯荡就业，给南京提供了庞大的劳动力。根据2017年全国流动人口动态监测调查数据，南京的流动人口当中，第一、第二、第五大来源地都是安徽的城市。

不同于苏锡常的吴侬软语，南京人说的是江淮官话，与安徽中南部类似。加上历史上南京曾做过安徽几百年的省会，文化、地缘相近，半个安徽省都对南京有很强的向心力。

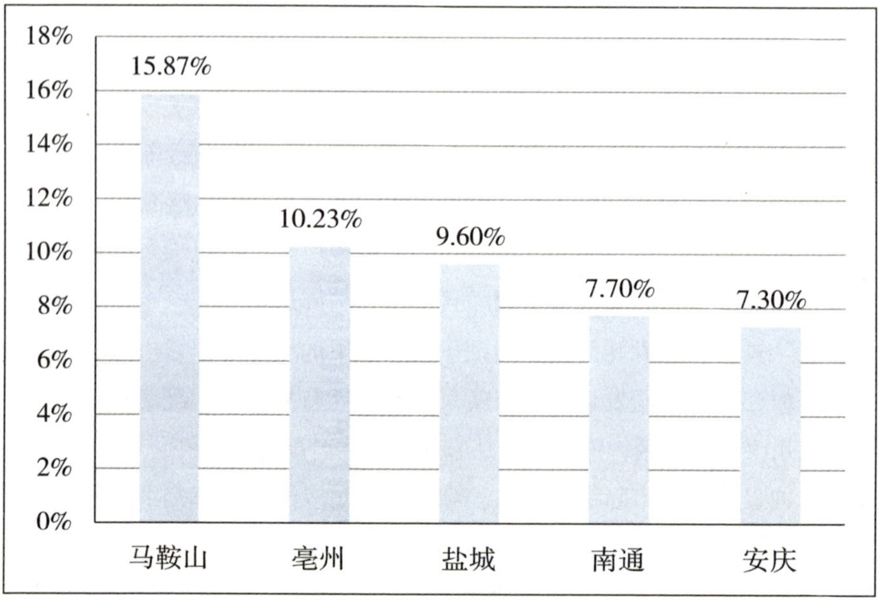

图 1–1　南京流动人口来源地

数据来源：国家卫健委

以马鞍山为例。这里的人长期订南京报、看南京台、就南京医、上南京校。多年前，坊间曾盛传南京要成为直辖市，并且会把马鞍山划进去。“做南京人，还是做安徽人，许多市民觉得还是前者的诱惑力更大些。”①

这就是“徽京”的魅力。

“散装大省”的致命弱点

江苏独特的省会格局，一定程度上也影响到了该省的人口扩张速度。

2020 年 3 月 3 日江苏省统计局公布，全省 2019 年末常住人口为 8070 万人，比上年末增加 19.3 万人。

同样是经济大省，广东省 2019 年末全省常住人口 11521 万人，比上年

① 参见颜剑：《马鞍山胳膊肘向外拐》，载于《小康》2004 年 7 月 15 日。

末增加 175 万人，其新增人口规模是江苏的 9 倍！

作为中国经济第二强的省份，江苏的人口增幅小到令人怀疑，这不会是一个“假江苏”吧？

这里自古人杰地灵，物华天宝，总共 13 座城市就有 13 座国家历史文化名城，现在又有苏、宁、锡三个“万亿俱乐部”成员，经济实力强劲，怎么全省十几个地方的新增人口加起来，甚至连隔壁浙江省宁波一座城市（新增 34 万人）都比不过？

主要是两个原因。

第一，江苏省的生育欲望普遍偏低。如表 1–4 显示，31 个省区市中，2014—2018 年江苏省人口自然增长率平均值为 2.43%，不到广东省的 1/3，排名倒数第五。

表 1–4　全国各省区市人口自然增长率(单位：%)

排名	地区	2018 年	2017 年	2016 年	2015 年	2014 年	五年平均
1	西藏	10.64	11.05	10.68	10.65	10.55	10.71
2	新疆	6.13	11.4	11.08	11.08	11.47	10.23
3	海南	8.47	8.72	8.57	8.57	8.61	8.59
4	宁夏	7.78	8.69	8.97	8.04	8.57	8.41
5	青海	8.06	8.25	8.52	8.55	8.49	8.37
6	广西	8.16	8.92	7.87	7.9	7.86	8.14
7	山东	6.08	10.14	10.84	5.88	7.39	8.07
8	福建	7	8.8	8.3	7.8	7.5	7.88
9	广东	8.24	9.16	7.44	6.8	6.1	7.55
10	江西	7.37	7.71	7.29	6.96	6.98	7.26
11	安徽	6.45	8.17	7.06	6.98	6.97	7.13
12	云南	6.87	6.85	6.61	6.4	6.2	6.59
13	贵州	7.05	7.1	6.5	5.8	5.8	6.45
14	湖南	5.11	6.19	6.56	6.72	6.63	6.24
15	河北	4.88	6.6	6.06	5.56	6.95	6.01

续表

排名	地区	2018 年	2017 年	2016 年	2015 年	2014 年	五年平均
16	甘肃	4.42	6.02	6	6.21	6.1	5.75
17	河南	4.92	5.98	6.15	5.65	5.78	5.70
18	浙江	5.44	6.36	5.7	5.02	5	5.50
19	湖北	4.54	5.59	5.07	4.91	4.9	5.00
20	山西	4.31	5.61	4.77	4.42	4.99	4.82
21	陕西	4.43	4.87	4.41	3.82	3.87	4.28
22	重庆	3.48	3.91	4.53	3.86	3.62	3.88
23	北京	2.66	3.76	4.12	3.01	4.83	3.68
24	四川	4.04	4.23	3.49	3.36	3.2	3.66
25	内蒙古	2.4	3.73	3.34	2.4	3.56	3.09
26	上海	1.8	2.8	4	2.45	3.14	2.84
27	江苏	2.29	2.68	2.73	2.02	2.43	2.43
28	天津	1.25	2.6	1.83	0.23	2.14	1.61
29	吉林	0.36	0.26	–0.05	0.34	0.4	0.26
30	黑龙江	–0.69	–0.41	–0.49	–0.6	0.91	–0.26
31	辽宁	–1	–0.44	–0.18	–0.42	0.26	–0.36

数据来源：国家统计局

第二，由于政治省会、经济省会和文化省会不是三位一体，江苏没有一个强有力的城市作为虹吸人口的核心引擎，人口机械增长也比较乏力。

苏南地区虽然制造业发达，但是近年来劳动密集型产业正往内陆转移，留在本土的产业也在向机械化、智能化升级，导致人口增长平缓。

苏州经济最为发达，可惜不像省会城市那样有各类省级单位、金融机构、总部经济以及人才的集聚和沉淀，在发展现代服务业时有所掣肘，难以依靠大规模的都市型产业来吸纳人口。

南京则是经济实力与政治地位倒挂，号召力不如武汉、成都这类首位度高的省会城市，所以虹吸全省乃至全国人口的能力弱了一些。

追溯起来，江苏之所以会成为“散装大省”，最大原因就在于中国特殊的行政区划安排：江苏独占了万里长江下游的沿线两岸，唯独最后的出海口，不在它的管辖范围之内；这一片黄金地带，属于一个叫上海的直辖市。

按照自然的发展规律，不管是谁占据了这片通江达海的超级十字路口，通常来说都会成为上游成都、重庆、武汉、南京、苏州等大城市融入全球经济的跳板，进而演化成国内的航运中心，再逐步衍生出贸易中心、金融中心。

只要这个长江出海口的城市不瞎折腾，很大概率会伴随着中国内陆实力的不断崛起，最终成为全国的经济中心。

如果当初上海不从江苏划出去，那么，这里一定会因为其得天独厚的优势，成为所在地区的省会。而江苏也就不会出现一个政治省会、一个经济省会、一个文化省会的局面了。

或许是因为意识到“散装大省”的弊端，近来江苏明确提出强省会战略，全力支撑南京发展，构建以南京为中心的“米”字形放射交通网，未来南京的核心作用会越发突出。

不过，在安徽这边，随着合肥的强势崛起，“徽京”也有逐步复位的趋势；“魔都”也不甘示弱，出台了一个包揽苏州、无锡、常州、南通在内的上海大都市圈，巩固自己的腹地范围。

长江出海口的上空，同时出现了好几股拉锯的力量。在如此激烈的博弈下，江苏省的势力版图可能会迎来新的变化。

这个过程当中，南京实际上承担了最大的历史使命。

互联网“救”不了中国

在上一轮区域竞争当中，长三角凭借着百花齐放的招商引资方式大显身手，走上了快速城镇化和工业化的道路。

昆山是凭借“为老板端洗脚水”的精神，一跃成为“小台北”。宁波是通过开发世所罕见的深水良港，来发展大进大出的临港工业。

就连曾经塌陷的合肥，也将“地方政府公司主义”发挥到极致。它通过政府主导融资的方式，引入各类巨头后撬动上下游落地，凭空创造了很多二线城市都非常羡慕的新兴产业，硬生生把一个昔日的江淮小邑，“赌”成了“全球家电之都”“中国IC之都”“中国光伏应用第一城”“平板显示器之都”，堪称全中国最厉害的投资合伙人。上述城市的蜕变将在接下来的篇章展开分析，此处暂且不提。

反观南京，在前两个十年，这个素有“六朝古都”之称的城市一度有些失落。

作为江苏省省会，南京的政治地位天然高于省内兄弟，紧迫性和危机感不够强烈，难以像昆山一样放低姿态，错过了江苏大力发展外向型经济的风口。相比民营经济活跃的杭州，南京有众多的国有企业，一度背负着较重的历史包袱，制度环境稍显逊色，又不像上海那样具有得天独厚的区位优势，跨国公司区域总部天然云集。

不过，随着南京被《长三角城市群发展规划》定义为长三角唯一的特大城市，以及强省会战略的深化实施，南京的后发优势越发明显。

南京顺势而为，奋起直追，通过对产业规律的清晰认识，大力招商引资，发展起集成电路、生物医药、人工智能等新兴产业，站在了全国制造业转型升级的前沿，逐渐从配角变成了主角。

2019年爆发的“中兴危机”，百年之后再回首可能会成为中国崛起的一个历史性拐点。这件事情为我们敲响了警钟。

第一，纯粹的互联网经济“救”不了中国。在长三角，有的城市大力发展数字经济，商业创新层出不穷。虽然这些模式创新能够改变地方生态，带来庞大的就业岗位，拉动GDP增长，但是缺乏真正硬核的应用创新和基础创新，中国的城市就依旧缺乏全球话语权，我们的经济命脉依旧会被卡脖子。

第二，纯粹的外向型发展模式强不了中国。在长三角，有的城市通过承载全球产业梯度转移，外科手术式地移植了较高阶梯的产业，但是如果只注重做大资本的规模，不加强对技术的自主研发和吸收创新，就很容易沦为跨国公司的加工厂，给产业链上游的先发国家打工。

以“工业中的工业”汽车制造业为例。多年前中国就尝试“以市场换技术”，试图以合资公司的方式获取国外先进的知识产权，北京奔驰、一汽奥迪、广汽本田、长安福特纷纷成立。经过多年奋斗，中国仍旧没有诞生强有力的自主品牌，与高铁模式形成了鲜明反差。

北京大学政府管理学院路风教授认为，合资模式之所以没有导致技术扩散和能力成长，是因为合资企业不仅没有产品开发的经济动力，而且出于任何原因进行开发的努力都会遭到外方有意识的遏制。

合资只是引入大量的生产图纸，有了按图生产权和观摩权，但是合资企业很难对引进的产品设计进行任何修改和创新，甚至连后续生产过程中的持续改进环节也都被扼杀。“外方不允许我们修改任何一个螺丝钉，甚至某些时候你有足够的证据证明原有图纸的这个螺丝钉设计错了……所有的改动，必须是在外方本部进行。”①

一句话，外方有非常严格的技术壁垒，封锁知识产权溢出。沦为跨国公司加工厂的城市，可以一下子获得高水平的制造手艺，但充其量只是一种生产能力，而不是研发设计能力。②

苏州的 GDP 是东莞的一倍有余，但 2018 年苏州的高新技术企业数量为 5416 家，低于东莞的 5798 家。苏州人长期看不起南京，但 2018 年苏州的技术合同成交额为 275.27 亿元，仅为南京 403.81 亿元的 68%。从数据中便可窥见一二。

历史已经充分检验，苏州模式是中国城镇化进程中，让地方经济最快实现工业化的路径，没有之一。

不过，这种“没有技术的工业化”，在历史上是最成功的模式，不代表它就会成为我们最终的模式。

迈入后工业时代，由“山寨”做起，再一步步走向创新的深圳模式相

---

① 参见路风：《走向自主创新》，中国人民大学出版社 2019 年 7 月版，第 66 页。

② 参见高铁见闻：《高铁风云录》，湖南文艺出版社 2015 年版，第 355 页。

比之下更能代表中国未来的方向。

因此，只有当苏州不再做资本的输入地，而是变成了资本的输出地，诞生多家跨国公司巨头去占领世界产业链高端的时候，我们才敢说属于中国的时代到了。苏州这个中国第一大普通地级市的经济底色，是检验大国崛起最好的标志之一。

或许正是意识到研发创新的重要性，南京在大力招商引资的过程中，也格外注重招才引智。据《新华日报》报道，近年来南京累计组建新型研发机构近 300 家，孵化引进企业 3000 多家；高新技术企业从 2017 年的 1844 家猛增到 2019 年的 4593 家。

目前南京已集聚 140 名科技顶尖专家、340 名创新型企业家、2860 余名高层次创业人才，并有 5 名诺贝尔奖及图灵奖得主、86 名中外院士选择在南京创新创业。得益于高层次人才队伍的大爆发，2019 年南京 PCT 专利申请达 1400 件，较上一年增长 89%。

好多人忽视了这样一个事实，南京的高校资源集聚度排名全国第三，仅次于北京、上海，这是其他城市难以复制的、不可多得的资源。

从科研基础设施来讲，南京有比苏州更雄厚的实力去承载外来科技的溢出，站在巨人的肩膀上进行吸收再创新。未来，伴随着资本不断涌入、科技的不断发展，两者可能会相互碰撞，激发出更强烈的化学反应。[①]

可以说，在中国崛起的历史进程中，南京扮演着越来越重要的角色，承担了江苏省内最大的历史使命。

这座六朝古都，如果想要成为整个江苏众望所归的实际省会，就必须牢牢抓住这一次机会。

---

① 参见黄汉城：《南京的角色越来越重要》，载于《新华日报》2020 年 3 月 30 日。

为什么浙江的房价如此之凶悍？①

如果你有个朋友是浙江人，请好好珍惜他。没事多请他吃吃饭，唠唠嗑。因为，你的朋友人生很不容易：浙江省的房价绝对是全中国最“刺激”的地方。

一个“十八线”山区丽水市，2018 年 GDP 只有 1300 多亿元，排名全国第 180 多名，但这里的房价却排名全国第 18 名，贵到连万亿俱乐部成员无锡都自叹不如。

一个存在感极弱的衢州市，2018 年人口只有 210 多万，这里的房价却排名全国第 32 名，直接“吊打”人口约 800 万的世界工厂佛山。

一个普通地级市温州，房价碾压中部六省龙头武汉，比起副省级城市青岛、中国第一普通地级市苏州也是不遑多让。

就连浙江省内房价最后一个梯队的嘉兴，也超过了国家级中心城市重庆。

表 1–5　广东、江苏、山东、浙江 2018 年 GDP 情况

省份	GDP（万亿元）
广东	97300
江苏	92595
山东	76470
浙江	56197

数据来源：各省统计局

① 澳门科技大学朱天怡参与了本文部分撰写工作。

表 1-6　广东、江苏、山东、浙江 2018 年人口情况

省份	人口(万)
广东	11346
山东	10047
江苏	8051
浙江	5737

数据来源：各省统计局

从上表可以看到，浙江根本算不上领头大省，其 GDP 实力和人口规模长期落后于广东、江苏、山东。

但是在全中国约 300 个地级以上城市当中，浙江省 11 个城市全部都能挤入房价 50 强，甚至有 8 个城市进入了前 32 名。这种硬核实力，广东、江苏、山东根本望尘莫及。

真是谜一样的浙江，这个省份身上有太多太多的不寻常了。为什么这里的房价能够爬到全国“金字塔”的顶端？为什么浙江人民就这么“彪悍”呢？

藏富于民

截至 2019 年 8 月，浙江全省没有一个城市的二手房均价是低于每平方米 1 万元的。全中国，唯有浙江这一个省如此“霸气”。

这里的房价，绝对是开启了“地狱模式”。

表 1- 7　部分城市 2019 年 7 月二手房价

城市	房价(元 / 平方米)	排名
北京	63900	1
广东 深圳	63000	2
上海	51900	3
福建 厦门	45257	4
海南 三亚	34200	5

续表

城市	房价（元 / 平方米）	排名
广东 广州	33900	6
江苏 南京	30540	7
浙江 杭州	30248	8
福建 福州	26145	9
天津	25700	10
广东 珠海	23100	11
江苏 苏州	21910	12
山东 青岛	21535	13
浙江 宁波	20358	14
浙江 温州	20311	15
山东 济南	18598	16
湖北 武汉	18100	17
浙江 丽水	18006	18
浙江 金华	16372	19
广东 东莞	16000	20
辽宁 大连	15895	21
安徽 合肥	15725	22
四川 成都	15700	23
海南 海口	15600	24
河北 石家庄	15152	25
浙江 舟山	15139	26
河北 廊坊	14969	27
浙江 台州	14899	28
江苏 常州	14899	29
江苏 无锡	14827	30
陕西 西安	14500	31
浙江 衢州	14233	32
江苏 南通	13948	33
河南 郑州	13924	34

续表

城市	房价（元 / 平方米）	排名
江苏 扬州	13655	35
广东 佛山	13100	36
云南 昆明	13000	37
浙江 绍兴	12981	38
江西 南昌	12844	39
福建 漳州	12705	40
云南 大理	12844	41
浙江 嘉兴	12684	42
重庆	12600	43
福建 莆田	12276	44
山西 太原	12211	45
甘肃 兰州	12200	46
广西 南宁	12000	47
浙江 湖州	11900	48
广东 中山	11900	49
安徽 芜湖	11634	50

数据来源：中国房价行情网

在全中国房价前 50 名当中，浙江省 11 个城市以 100% 的上榜率实现“霸屏”，一个省，就拿走了超过五分之一的名额。

广东和江苏虽然号称中国最牛省份，但分别也只有 6 个城市上榜，各占据九分之一的名额。

为什么会出现这样一种局面呢？浙江房价凭什么冠绝全国？

第一，广东这个地方，主要是被粤东西北拖了后腿。

有句话是这么说的：中国最富的地方在广东，最穷的地方也在广东。

广东一年有 97300 亿元的 GDP（2018 年），相当于一个俄罗斯的体量。如果把它看作一个单独的经济体，可以排名全球第十四位左右。但别看它很强大，其实背后主要是富裕的珠三角在撑着，粤东西北很拖后腿。

云浮、汕尾、河源、梅州……这些边陲之地的 GDP 常年徘徊在 1000

亿元上下，乘以十才能够得上一个佛山。

粤东西北的人均 GDP 更是严重落伍，仅相当于全国平均水平的六成、珠三角的三成左右。由于贫富悬殊太大，广东的整体房价自然硬不起来。

第二，“包邮区”江苏这个地方，主要是受到经济结构影响。

江苏实际利用外资的规模长年居全国第一，这里的 GDP 总量，有很大一部分是由外资经济带动起来的。

以苏州为例，这座城市入驻了大量日本、新加坡、中国台湾的企业，强力托起了苏州经济发展。但富的更多的是外资股东，而不是中低层的中方工作人员。

苏州 2018 年的人均 GDP 为 17.35 万元，高于杭州的 14.59 万元。尽管苏州人民创造的单位国民生产总值非常之高，长年排名全国前五，但苏州人均本外币住户存款只有 8.68 万元，相当于杭州 10.4 万元的 83%；人均社会商品零售总额 5.36 万元，相当于杭州的 91%。

与宁波相比，苏州的人均 GDP 高出 27%，但人均本外币住户存款和人均社会商品零售总额分别只高出 6.8%、5.7%。可见苏州的民间财富与城市体量存在较大的偏差。

所以，江苏省的整体购买力，并不如民营经济极为发达的浙江省。

浙江的草根民营经济一直是 GDP 的半边天。撇开阿里巴巴这样的巨头不说，义乌的小商品、慈溪的小家电、永康的五金、绍兴的轻纺……这些产业里诞生了无数兜里有钱的小老板。

当江苏外企的中方高管为了五六十万年薪而“996”[①] 的时候，浙江的小老板们早已习惯了上千万甚至上亿元的流水。

所以，别看浙江的人口和 GDP 都矮了一截，人家的财富可是大隐隐于市。浙江一套套天价楼盘背后，其实是活跃的市场经济和民间资本。这些，才能代表浙江人真正的实力。

另外，浙江人向来就很有投资意识，像温州炒房团早在二十年前就遐

① 996 工作制，即“早上 9 点上班，晚上 9 点下班，每周工作 6 天”。

迹闻名。除了给全国楼市带来一股“洪荒之力”以外，本土房地产市场自然也会更加活跃。

经济越发达房价越贵的规律失效了？

在大多数人的认知中，一个地区的 GDP 越高，就代表这个地区的经济越发达，房价也就会越贵。

但是在浙江，这个规律完全不管用。

除去 GDP 稳居前三的杭州、宁波、温州，后面几个城市的房价分布完全是一片迷局，跟 GDP 高低的关联性非常之弱。

衢州、丽水、舟山是浙江省最弱的三个城市，GDP 只有 1200 亿—1500 亿元，但是它们的房价基本跨过了 1.5 万元的大关。

而 GDP 排名相对靠前的绍兴、嘉兴，明明经济体量都四五千亿元了，均价却刚刚破 1 万元，排名浙江省倒数前三。

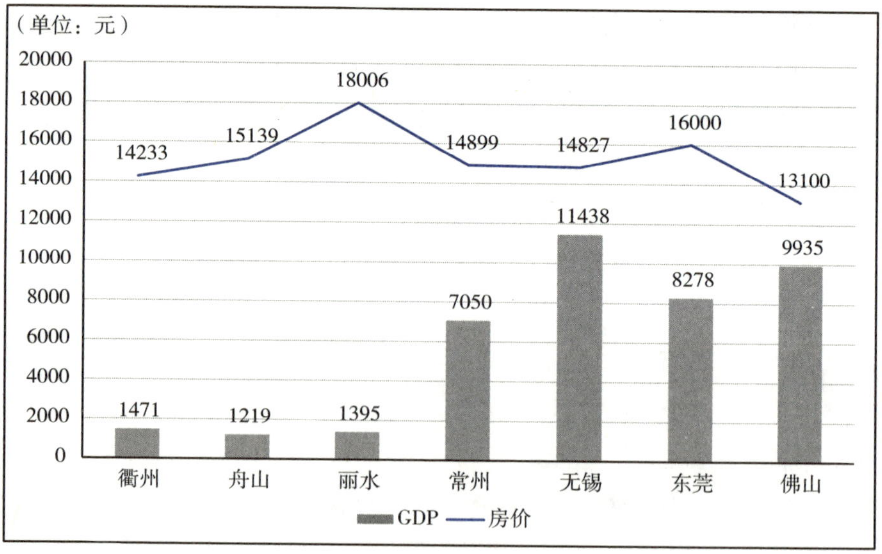

图 1-2　房价相似城市 GDP 差异

这种画风，只能用诡异来形容了。

如果你还体会不到衢州、丽水、舟山三市的恐怖，来，我们换一种坐标体系看看。

这三个地方，二手房均价都在14000—18000元的区间，放在江苏，可以跟最富裕的苏南片区无锡、常州持平；放在广东，可以跟世界制造业重镇东莞、佛山看齐。

但是你要知道，无锡、常州、东莞、佛山的GDP都在7000亿—11000亿元之间，是衢州、丽水、舟山的8—10倍。

通常来讲，GDP一千多亿元的城市应该是什么样的房价水平？

我们还是拿广东作为参考，这个省份有清远、韶关、阳江三个不太"争气"的"小伙伴"，经济体量都是1300亿—1600亿元，跟衢州、丽水、舟山差不多。但是前者的二手房均价只有5000—7000元，几乎是后者的三分之一。

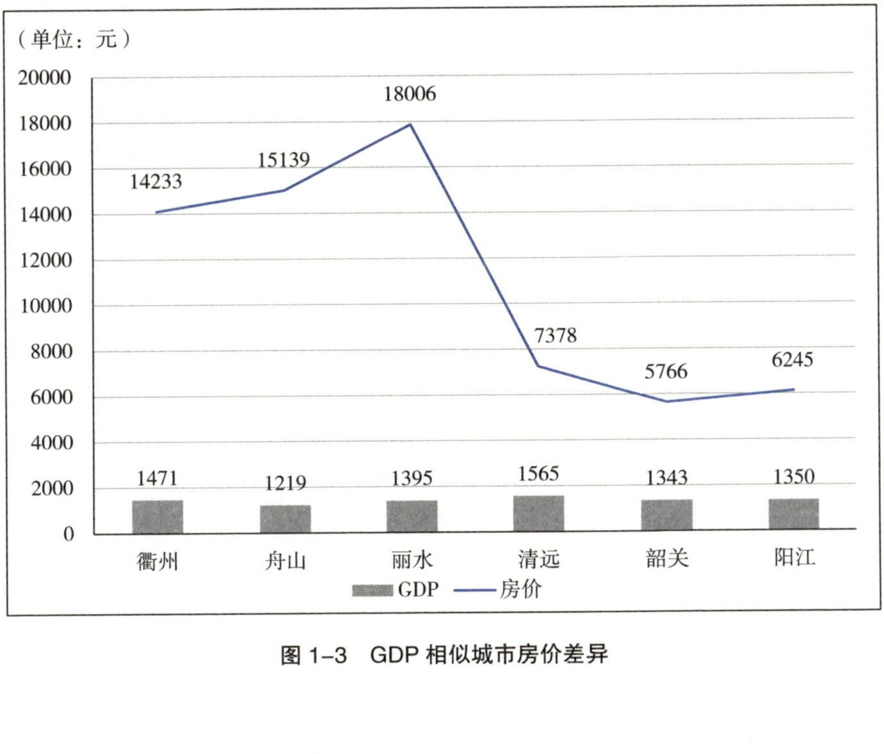

图1-3 GDP相似城市房价差异

说到这里，你有没有觉得自己的经济学知识完全白学了，根本看不懂这谜一般的现实?

所谓事出反常必有妖。这里边肯定大有乾坤。

衢州和丽水两市深居浙南山区，一个有神奇山水，一个被誉为“浙江绿谷”，这两个城市最大的特点就是可开发面积小。如果说浙江是“七山一水两分田”，那么浙南地区就是“九山半水半分田”。

根据住房和城乡建设部的数据，2018 年衢州、丽水两个城市的建成区面积都不到 100 万平方公里，在浙江省排名末尾。

如果按照常住人口 / 建成区面积来算的话，2018 年丽水的人口密度高达 4.02 万人 / 平方公里，全浙江第一。衢州的人口密度则为 2.4 万人 / 平方公里，也远比嘉兴的 1.59 万人 / 平方公里和绍兴的 1.51 万人 / 平方公里要高。

两市人口稠密的主要原因，并不是两市的人口基数过于庞大，而是土地资源过于匮乏，大家都挤在了一起。

由于可用于住宅开发的土地相当受限，两市住宅供应量较为稀缺。根据智谷趋势的统计，2013—2017 年衢州、丽水人均住宅商品房销售面积分别只有 0.62 平方米和 0.72 平方米，比起 GDP 体量相近的广东清远、阳江、韶关明显要小很多，后者分别为 1.33 平方米、1.15 平方米、1.08 平方米。

如果是放在全国 30 个重点城市来看，衢州、丽水的供应量大概连平均水平的一半都达不到。

表 1–8　部分城市人均住宅商品房销售面积情况

城市	2013—2017 年人均住宅商品房销售面积(平方米 / 人)
银川	2.59
长沙	2.18
沈阳	2.09
成都	1.99

续表

城市	2013—2017 年人均住宅商品房销售面积(平方米 / 人)
贵阳	1.98
厦门	1.92
合肥	1.90
深圳	1.90
武汉	1.87
西安	1.72
乌鲁木齐	1.71
昆明	1.71
郑州	1.62
南京	1.60
天津	1.55
海口	1.54
杭州	1.49
上海	1.47
广州	1.47
大连	1.46
呼和浩特	1.45
青岛	1.38
清远	1.33
南昌	1.21
重庆	1.21
阳江	1.15
韶关	1.08
丽水	0.72
衢州	0.62

数据来源：各市统计公报

与此同时，衢州、丽水还有相对较强的购买力。2018 年两市人均本外币存款分别为 11.8 万元、12.4 万元，远高于韶关、清远、阳江的 6.2 万元、

5.2 万元、 4.8 万元。

在居民人均可支配收入方面，2018 年衢州、丽水分别为 32269 元、32245 元，高于韶关、清远、阳江的 28306 元、27610 元、23281 元。

一边是有限的供给，一边是强有力的需求，两个因素的叠加造就了房地产市场的供需紧张，加之浙江人天然的炒房意识，最后就成就了丽水和衢州的高房价。

舟山房价贵的原因与此相似。不过这座千岛之城还有一个特别的地方，就是头顶上的光环不少：国家级新区舟山群岛新区、中国（浙江）自由贸易试验区、舟山江海联运服务中心……

舟山在杭州湾的大版图中占据着重要位置，高规格的定位，加上高等级的生态环境，让城市发展可期，房价更有坚挺的理由。

回过头来，我们再看嘉兴和绍兴。这两座城市身处一马平川的浙北地区，有着得天独厚的开发条件。

如果你曾驾车驰骋在嘉兴的土地上，就能感受到这里全部是平原。房屋鳞次栉比，密密麻麻地平摊在这片土地上，目前嘉兴的房子供大于求，去化周期相对较长。

绍兴也是差不多的情况。两个城市都是浙江省人口密度最低的一批，住房需求没那么旺盛，房价也就高不到哪里去。

表 1–9　浙江省 2018 年人口密度情况

城市	常住人口(万人)	建成区面积(平方公里)	人口密度(万人/平方公里)
丽水市	219.9	54.7	4.02
温州市	925	306.93	3.01
台州市	613.9	250.21	2.45
湖州市	302.7	124.07	2.44
衢州市	220.9	91.88	2.40
宁波市	820.2	441.56	1.86
舟山市	117.3	64.84	1.81

续表

城市	常住人口(万人)	建成区面积(平方公里)	人口密度(万人/平方公里)
金华市	560.4	328.44	1.71
嘉兴市	472.6	296.56	1.59
杭州市	980.6	625.82	1.57
绍兴市	503.5	334.08	1.51

数据来源：住建部《2018 年城市建设统计年鉴》、各市 2018 年统计公报

最凶悍的不是广东人

在浙江省的房价地图中，宁波、杭州应该是少数“正常”的城市。

宁波 2018 年 GDP 为 10745 亿元，排名全国第 15 位，住宅均价 20358 元，排名全国第 14 位，可以说是在情理之中。

杭州 2018 年 GDP 为 13509 亿元，排名全国第 10 位，住宅均价 30248 元，排名全国第 8 位，虽然稍微超前了一些，但一点也不过分，谁叫人家是“上有天堂，下有苏杭”。可能除了宁波之外，全浙江省的人民都热衷于在省会买房，全省人民的钱袋子托起了杭州的高排名。

说起来，浙江这个地方还是蛮特别的。尤其是浙南地区，十分盛产楼市奇葩。

金华，大多数人的认知可能还停留在金华火腿。其实人家底下有个县级市叫义乌，义乌的房价比金华市区的还要高，一套房子动不动就四五百万。由于小商品经济的发达，整个金华的房价均价高达 16000 多元，排名全中国第 19 位，比成都、合肥、大连、郑州这些赫赫有名的城市都要高得多。

温州，顶峰时期的房价“秒杀”北京、上海。这里的人炒房，房子不是一套一套地买，而是一层一层、一幢一幢、一片一片地买。有的炒家腰挂 60 把钥匙，每天唯一的工作就是挤着公交，挨家挨户收租金。尽管 2011 年因为大环境的因素房价被腰斩，至 2019 年 7 月仍然高达 20311 元，

排名我泱泱大国第 15 名，直接碾压中部六省的龙头武汉市。

要论全国哪个地方的人最凶悍，不是闷声发大财的广东人，也不是一口吴侬软语的上海人，而是俯瞰中国楼市的浙江朋友。

浙江的房价如此之高，这到底是幸还是不幸？

宁要广州一张床，不要武汉一套房？

2019 年 12 月，湖北省武汉市部分医院陆续发现多例不明原因肺炎病例，后被证实为新型冠状病毒感染引起的急性呼吸道传染病，简称“新冠肺炎”。疫情暴发初期武汉的应对并不十分理想，暴露出诸多现代化治理短板。

很多人在问：武汉不是所谓的明星城市吗，何以应对公共卫生事件的能力与其庞大的经济实力如此不相称？为什么“非典”都过去 17 年了，武汉的治理水平仿佛还停留在 20 世纪？

可以说，这场劫难抛给了我们一个十分尖锐的问题：是不是宁要广州一张床，不要武汉一套房？

国有经济色彩浓厚

从经济的角度来看，武汉长期以来国有经济色彩浓厚，没有完全摆脱计划经济的烙印。习惯于指令治理，习惯于稳定压倒一切的思维，是其在疫情初期应对失策的一个重要原因。

我们知道，每个城市的经济可以分为三个板块，国有经济、外资经济和民营经济。

2018 年武汉全市民营经济增加值 6335 亿元，占 GDP 比重为 42.7%，连一半的水平都没有达到。

在中国十大城市中，武汉民营经济发展程度排名倒数，不仅低于杭州、成都、南京等市，甚至比湖北省的平均水平还要少 10 个百分点，可以想见武汉的民营经济发展之不足。

2017 年武汉全社会从业人员数 564.08 万，城镇国有经济单位从业人员 84.67 万，占比高达 15%。同期广州全社会从业人员 862.32 万，城镇国有经济单位从业人员 72.56 万，占比为 8.4%。深圳全社会从业人员数是 943.29 万，城镇国有经济单位从业人员 41.92 万，占比仅为 4.4%，武汉的这一比例是深圳的三倍有余。

武汉排名前 15 位的企业当中，80% 是国企或者国有控股企业。东风汽车、中建三局、武钢集团、葛洲坝集团，外界能说得上来的武汉大企业，几乎都是巨型的国企单位，员工动辄以万计。[①]

表 1–10 武汉 15 强企业名单

序号	企业名称
1	东风汽车集团有限公司
2	中国建筑第三工程局有限公司
3	中国宝武武汉总部
4	中国葛洲坝集团有限公司
5	九州通医药集团股份有限公司
6	卓尔控股有限公司
7	中国铁路武汉局集团有限公司
8	中铁十一局集团有限公司
9	中交第二航务工程局有限公司
10	中国石油化工股份有限公司武汉分公司
11	武汉金融控股 (集团) 有限公司
12	山河控股集团有限公司
13	武汉国有资产经营有限公司
14	武汉武商集团股份有限公司
15	中百控股集团股份有限公司

这注定了武汉的经济命脉，有很大一部分是由国家意志所掌控、所操盘的。那么，国有经济色彩浓厚的城市有什么弊端?

① 参见黄汉城、史哲、林小琬:《中国城市大洗牌》，东方出版社 2020 年版，第 271 页。

最大的弊端就是，代理人跟实控人之间角色错位。延伸到整个社会的运行机制当中，就体现为对计划经济时代特征的延续：官僚主义、地方保护主义、形式主义、保守僵化、不透明……

平安无事时还好，这些问题都会被歌舞升平的日常生活所掩盖，潜伏在水面之下。一旦发生突发情况，就会统统暴露出来。

武汉在疫情暴发初期的应对能力，应该说就是中西部的一般水平。换成中西部其他城市，结果可能都差不多。

当企业家的声音更容易抵达庙堂

反过来看，在中国的沿海地区，很多城市的民营经济都比武汉发达。

比如说珠三角的佛山，民营经济增加值占比 GDP 高达 62.5%，比武汉高出近 20 个百分点。长三角的温州就更夸张了，民营经济增加值占 GDP 的比重达 80% 以上，约等于武汉的两倍。

民营经济发达，对一个城市意味着什么？

通常来讲，一个城市的市场经济如果得到充分发育，那在地方政府之外便会存在着更多分散的社会力量，构成了权力监督的公共领域。典型如广州，当年南方系之崛起，就是建立在珠三角最先改革开放的经济土壤之上。按德国当代哲学家哈贝马斯的话说，就是公民社会比较发达。

在这些地方，权力相对来说会少一些“任性”，因为它并不能独占话语权，四周均有掣肘，顾虑也就更多。

举个或许不太恰当的例子，佛山顺德这么一个“小地方”，就出了两个世界五百强企业家——碧桂园的杨国强和美的集团的何享健，跟本土官僚群体相比，谁的声音更容易抵达庙堂？

如果类似的突发事件发生在广州、深圳或者杭州、上海[①]，也许整个应

① 2018 年，民营经济增加值占上海全市生产总值的比重仅为 26.4%，比例非常低，但是从绝对值来看，有 8627 亿元，比民营经济占比 60.5% 的杭州市还要高，因此不可小觑。上海同样诞生了诸多标杆性的民营企业。

对机制会比武汉更为顺畅。在这几个沿海城市，社会的运行、资源的调配相比中西部来说，更加透明、公开、平等。

一想着有太多双眼睛在盯着自己，决策者可能会倾向于以最快的速度跑起来，调动一切资源去解决问题。

所以，一个城市的民营经济是否发达，很大程度上决定了这座城市的现代化治理水平，这个道理应该说是被世界上很多地方验证过的。

单中心的城市群，权力容易傲慢

在我看来，中国最有希望的地方，是长三角和粤港澳大湾区。我们的资产配置，一定要把最大的权重放在这两个地方。

这里沿海，是中国参与世界经济，进入世界经济大循环的桥头堡，它的生产要素的流动永远是最快的，发展前景最好。

而且，这里有着更高的现代化治理水平，更能抵御风险。

事实上，中国有很多个城市群，除了长三角、粤港澳大湾区之外，还有京津冀、关中城市群、中原城市群、武汉城市群、长株潭城市群等。

长三角和粤港澳大湾区有一个明显特征，就是更倾向于多极化，群雄逐鹿遍地开花，而其他城市群有很多是一极化，中心城市一枝独秀。

大湾区有广州、深圳、香港三个一线城市，佛山、东莞两个二线城市，实力比较均衡。

上海是长三角的龙头，但是从行政级别来看，上海并不能对周边的副省级城市南京、杭州、宁波形成碾压之势。像宁波作为计划单列市，就享有一定的“特权”。

对于很多重大投资项目来说，普通地级市并不能自己拍板决定，必须向国务院上报文件，得到国务院的批准指示。按照规定，市政府的文件要经过省政府才能送到国务院，国务院受理后，还要先征求各个部门的意见，这样下来可能就一年半载了。[①]

这里头相当关键的一点是，省政府这一层愿意递送文件并积极协调，否则就先卡在省里头了。宁波经济上计划单列，有关文件的上报可以直对中央，跟直辖市上海差不多。因此，大家在中央眼里都有一席之位。

从经济来看，上海虽然是全国第一大城市，但是其他对手也不弱，苏州近 2 万亿元的 GDP 就快赶上广州、深圳，而南京、杭州、宁波、无锡都是万亿俱乐部成员。所以拉平了看，我们也可以说长三角具有一定程度的多极化格局。

在一个多极化的城市群里，内部竞争会非常激烈，谁都无法百分之百独占鳌头。无论哪个城市的地方政府想要招商引资，都必须对僵化的体系进行自我革命，拿出店小二精神搞好营商环境，否则不仅招不到客人，甚至还会流失本土的资源。毕竟，这里的选择实在是太多了，而且同城化又做得好，交通特别发达，钱和人很容易用脚投票。

所以，对于长三角和粤港澳大湾区来说，不管是大城市还是中小城市，该刮骨疗伤的时候就必须忍痛去做，该回应民众呼声的时候就去回应，很难把头埋进沙子里，假装自己是鸵鸟。

回过头来，我们再去看中原城市群、关中城市群、长株潭城市群、武汉城市群等等，基本上是一枝独秀的，所以才有“大武汉”“大郑州”“大长沙”的说法。

这些中心城市往往是举全省之力打造的，靠省内其他小兄弟的给养逐步壮大。武汉就是非常典型的案例，它虹吸全省最好的资源、最多的政策，可谓穷湖北之物力，成武汉之威名。比如，东风汽车就是从十堰搬到武汉的，这家世界五百强企业一年营收就达 6000 多亿元，给武汉贡献了巨大的税收和 GDP。

单中心的城市群有什么坏处？

通常来说，中心城市如果躺着都能壮大，发展太过于顺利，可能会导

---

① 参见姚斌华、韩建清:《见证广州汽车十年》，广东人民出版社 2008 年版，第 22、46 页。

致支配这座城市的权力变得高高在上、傲慢骄横，对于本应该改革的环节充耳不闻。

虽然它的膨胀速度很快，但实际上是外部力量将它撑起来的，内部的自我改良并没有跟上。短板还在那里，只是木桶容量更大了。一旦发生紧急状况，对社会的危害性和冲击也就更大。

从这个角度来讲，建仓长三角和粤港澳大湾区这种多极化特色的地方，肯定是最优的选择。其治理体系，早已经过多重锤炼。

第一，放眼全中国，除了北京之外，就属长三角和粤港澳大湾区承载了最多高等级国际性活动，像财富论坛、亚运会、G20、上合组织峰会等等。这种有海内外国家领导人参与、展现大国形象的重大活动，不允许发生一点纰漏。每一次的成功举办，都是对所在城市网格化管理体系的一次改造和升级。

第二，沿海地区由于地理地形、自然环境，容易遭遇极端天气，比如每年的台风天气。这对于城市的资源调度和应急反应都是一个相当大的挑战，长三角和粤港澳大湾区几乎每年都经历这样的考验和训练。

宁要广州一张床，不要武汉一套房。这句夸张的表述背后，其实代表的是不同城市之间治理水平的巨大落差。

只有建仓在长三角和粤港澳大湾区的人，才能享受到时代发展的最大红利。

北方，退无可退

以前，我国的 GDP 核算方式是分级核算，也就是国家统计局核算整个国家的，各个省区市核算自己的。

从 2020 年开始，中国的 GDP 统计方式正式从分级核算改为统一核算，各个省区市的数据改为国家统计局和省级统计机构共同开展统一核算。

为了实施这一重大改革，中央还提前一年摸家底，搞了一次经济普查，以获得更为全面、翔实的基础数据。2020 年 1 月中下旬，各个省区市陆续公布了 2018 年 GDP 的修订数据。但是因为临近春节和疫情暴发，绝大多数人没有留意到。

这些艰难浮出水面的真实数据，可以说是揭开了很多省区市的“遮羞布”。

它们集中反映出了这样一个事实：北方的经济远比我们想象中更差，南方的经济远比我们想象中更好。

华北失守

根据统计，这一轮修订当中有 14 个省区市下调了 2018 年的 GDP。下调幅度分别为：天津 29%，吉林 25.3%，黑龙江 21.5%，山东 12.8%，河北 9.8%，辽宁 7.1%，内蒙古 6.6%，宁夏 5.3%，山西 5.1%，青海 4.1%，广西 3.6%，陕西 2%，甘肃 1.7%，湖南 0.3%。

这 14 个下调的省区市，除了湖南和广西之外，全部都是北方的。

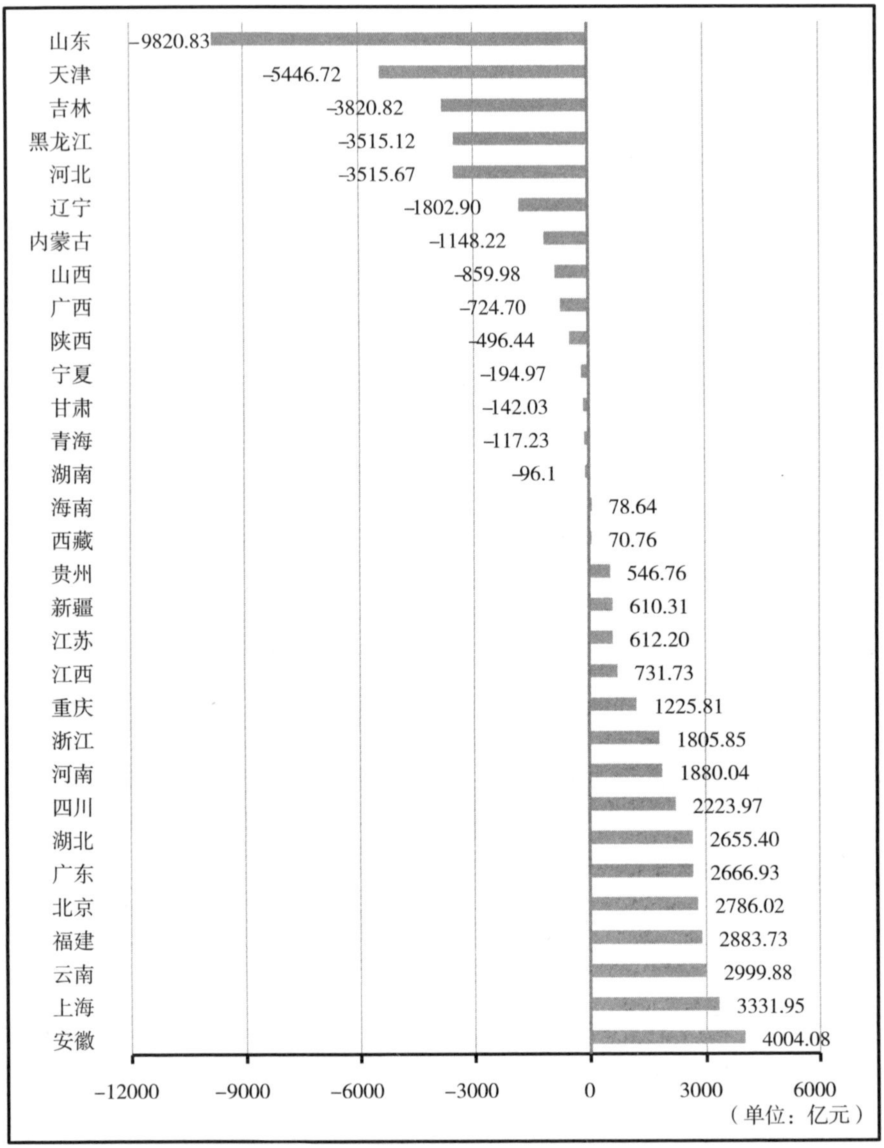

图 1-4　各省区市 2018 年 GDP 修订情况

天津 2018 年 GDP 的初步核算是 18809 亿元，经修订后为 13362 亿元。这个修订后的数值，甚至少于 2014 年的 14442 亿元。

对此，天津统计局给出的官方说明是：近年来，天津市加快结构调整步伐，推进新旧动能转换，关停小散乱污企业，淘汰僵尸企业，全面解决“钢铁围城”“园区围城”问题，坚决摒弃虚高的、不绿色的、结构不优的生产总值。不断加大统计执法检查力度，严肃查处惩治统计造假虚报案件，在第四次经济普查开展过程中，严格执法监督检查，夯实核算地区生产总值的基础数据。

经过修订，山东2018年地区生产总值为66649亿元，比之前的初步核算数76469亿元减少9821亿元，总量下调12.8%。

下调多，与山东的经济结构密切相关。山东省产业结构偏重，被称为“大象经济”，前些年传统产能约占工业比重70%，重化工业又占传统产业比重70%，在钢铁、煤炭、焦化等行业存在很多大型国有企业，跨国、跨区域、跨行业的现象较为普遍。

山东省统计局表示，这次经济普查，严格按照在地普查原则，有效解决了各地一些企业集团、总部经济等打捆上报、重复计算的历史问题。“由于调查对象复杂，部分地区存在政绩观偏差，造成统计源头数据存在一定误差。多年累积的误差叠加，形成了一定的历史包袱。本着实事求是的原则，对GDP数据进行了相应修订。”

据《大众日报》报道，这次经济普查期间，山东有8539家规模以上工业企业，经核实年主营业务收入达不到2000万元标准，退出了联网直报库，相应减少GDP总量5000亿元左右。通过与工商、税务等资料比对，还发现了1820家僵尸工业企业，一并清理退出联网直报统计范围，减少GDP总量550亿元左右……[①]

2013年，中国进行了第三次经济普查，当时各省区市全部都“上调”了2013年的GDP数据，没有一个下调的。今天，有接近一半的省区市核减数据，而且绝大部分都是北方地区。

长期以来，天津和山东就是华北的经济重镇。天津的城市定位为国际

---

① 赵洪杰、陈晓婉：《轻装上阵，高质量发展信心更足》，载于《大众日报》2020年1月22日。

港口城市、北方经济中心和生态城市，其重要的职能就是做好我国北方国际航运中心和国际物流中心，以特殊的水陆交通枢纽地位推动北方经济增长。山东的 GDP 多年保持第三名，实力雄厚，拥有誓做“下一个深圳”的青岛，以及在强省会战略下迅速膨胀的济南。

不过，它们恰恰是此番修订中，核减总量最大的两个地方。

北方，可谓退无可退。

在这一次经济普查中，我们有 17 个省区市上调了 2018 年的 GDP 数值，其中南方地区就占了 14 个。第一名和第二名都来自长三角区域，安徽和上海，分别上调了 4004 亿元和 3331 亿元。沿海的福建、广东、浙江的表现也不赖，分别上调 2883 亿元、2666 亿元、1805 亿元，江苏则只上调了 612 亿元。

为什么下调的多数是北方地区，上调的却多数是南方地区呢?

坊间普遍有这样一种认知，北方的经济结构偏重，国有经济占 GDP 比重较大。所谓“数据出官、官出数据”，国企领导天然具有报高数据的冲动。有时候为了政绩，哪怕会多缴税也要把报表做得漂亮，这是造成北方数据普遍比实际要高的原因之一。

而南方改革开放较早，市场经济发达。典型如浙江的温州、台州，福建的莆田、晋江，广东的深圳、佛山，这里有很多中小型的民营企业，为了少交点税，倾向于少报数据。

而且这些企业有很多是规模以下工业 / 服务业，没有被纳入联网直报库，平常地方统计局采取抽样调查的方式来统计，难免有所遗漏，没有涵盖到全部的生产活动，所以数据也会偏小。

这一次，福建、广东、浙江三个民营经济发达的省份，上调的规模均比江苏这个外资经济发达的省份高出 3 倍以上，也是基于这样的经济基础。

总结起来，北方经济的真实情况远比我们想象中更差，南方经济的真实情况远比我们想象中更好。长期以来，南方一直隐藏了很多实力，长三角和粤港澳大湾区更是卧虎藏龙。

东北“塌陷”

在这一轮经济普查中，吉林、黑龙江、辽宁的下调幅度分别为25.3%、21.5%、7.1%，分别排名第二、第三和第六名。东北地区算是此次GDP核减的“重灾区”了。

辽宁的下调幅度虽然不是特别大，但有吉林和黑龙江在“拖后腿”，辽宁也难以取得爆发式增长。

我们以大连为例。这是东北地区经济实力最强的城市，堪称东北老工业基地最后的希望。

作为与青岛相提并论的北方明珠，大连历史上非常辉煌。像夏季达沃斯论坛这样的重磅会议，每年都是在天津和大连两个城市轮流举行的，可见大连的综合实力。

但是这二三十年来，大连的GDP排名却接连下滑，从巅峰时期的前十跌到了如今的二十名开外。为什么会这样？

除了大连自身的内部原因之外，还有一个不可忽视的外部原因，就是整个东北衰退了。

大连是东北三省最好的出海口。作为东北地区跟世界联系和交换的平台枢纽，大连的发展跟后边整个腹地的经济紧紧捆绑在一起。

从某种意义上来讲，港口腹地的面积大小和经济容量，决定了一个港口城市所能达到的“天花板”高度。

这就像长江经济带之于上海一样。长江上中游的城市崛起了，下游的上海才能跟着一块繁荣，双方相互成就。

而北方除了大连港之外，还有唐山港、青岛港和天津港等重要港口，后者基本把华北地区瓜分完毕，留给大连的，多局限于东北三省和内蒙古东部，这个盘子本身就是很有限的，大连港所能链接到的经济空间就那么大。

随着改革开放的逐步深化，“共和国长子”由于跟不上时代步伐，出现了一条工业铁锈带，人口逃离，经济塌陷，这也进一步阻碍了大连的腾飞。

2019 年，上海实现外贸进出口总额 34046 亿元，吞吐量 7.16 亿吨，平均每吨的货值是 4755 元。同期大连市实现外贸进出口总值 4352.8 亿元，吞吐量 3.66 亿吨，平均每吨货值是 1189 元。前者均价是后者的近四倍！可见出入大连港的产品附加值之低。这跟东北地区的产业结构，以及转型升级速度较慢有很大的关系。

表 1–11 2019 年中国港口货物吞吐量排名

排名	港名	吞吐量(万吨)
1	宁波舟山	112009
2	上海	71677
3	唐山	65674
4	广州	60616
5	青岛	57736
6	苏州	52275
7	天津	49220
8	日照	46377
9	烟台	38632
10	大连	36641
11	南通	33620
12	镇江	32916
13	黄骅	28761
14	秦州	28243
15	深圳	25785
16	南京	25689
17	广西北部湾港	25568
18	营口	23818
19	连云港	23456
20	江阴	22393

注：此处吞吐量为沿海港口与内河港口吞吐量之和

来源：中港网

只有腹地强盛了，才会对港口城市的临港工业产生更强劲的市场需求，拉动港城制造业的发展。等到港口城市发展到一定阶段后，甚至可以把淘汰下来的产业转移到大后方，腾出空间发展更高维度的新兴产业，跟经济腹地形成产业分工、协同作战。

大后方的崛起，也会拉动港口的物流、保险、代理、航运经纪、航运咨询、供应链金融等高附加值服务业。所以学术界才会有一个名词叫“因港兴城”：因为一座港口，可能一座城市就成了。

然而，大连的经济腹地整体来说是衰落的，东北三省的官僚主义、地方保护主义色彩较为浓厚，导致“投资不过山海关”，发展不遂人意。大连很难走出独立的行情。

曾经的东北一手好牌，如今全部都打烂了，不由得令人惋惜。

西北还在奋起直追

大西北曾见证古代丝绸之路的繁华。后来，由于陆权时代到海权时代的转换，大西北不可避免地衰落了。

西安作为大西北唯一的国家中心城市，被赋予了引领西北地区发展的重任。

近来，它积极开通“中欧班列”，以此横贯欧亚大陆，跨越万里优化资源配置。试水第五航权[①]，意图打造成“中国孟菲斯”，与郑州、武汉争夺航空物流中心。西安物流产业的发展，对于大西北参与世界产业链具有莫大的帮助。

西安还积极加入抢人大战，取得了不俗的成绩。2019 年末其常住人口增长 19.98 万，排名全国前十。西安越来越有奋起直追的迹象。

不过，西安也是十个国家中心城市当中，唯一 GDP 未超过 1 万亿元的

---

① 航权分为领空飞越权、技术经停权、目的地下客权等九种权利。第五航权即九种权利中的第五种，“中间点权或延远权”，意即国外航司可开通经本国至第三国航线的权利。因其允许他国飞机获得本国与第三国之间的航线货源，因此又被誉为最具有经济实质意义的航权。

城市，经济实力最弱。寄希望于西安带动关中地区腾飞，路阻且长。

从十三朝古都再往西北走，还有一颗黄河明珠——兰州。这是一座“一线”城市：城市空间布局为东西走向，南北狭窄，城镇建设用地最宽处，不过六七公里。从高空俯瞰，兰州“两山夹一河”的景观，就像是一条线。

受地形限制，兰州的土地资源非常紧缺。毕竟推山造地这种事不是随随便便就能干的，机器虽然是现成的，但也要受到国土空间利用规划红线的制约。

可开发土地少，导致之前兰州在开建新城的时候，只能往北飞跃四十多公里，在一片峡谷之间的平原隔空建设。由于不跟主城区连片发展，兰州新城一度沦为“鬼城”，空空荡荡。

可开发空间的匮乏，以及腹地经济的贫瘠落后，极大限制了兰州的扩张。直至今日，兰州的经济体量仅为 2837 亿元，不到西安的三分之一。这座城市的壮大，还需要很长的时间。可能世上已千年，洞中方一日。

第二章　长三角的磨砺与荣耀

上海真的衰落了吗？被误会最深的“魔都”

从民国开始，上海就是远东第一大都市。

进入计划经济时代，上海化身中国最大的工业化城市。当时所造的自行车、缝纫机、收音机可都是响当当的硬通货。

1959—1978 年，上海地方财政收入平均占全国的 15.4%。在它面前，所有其他城市都黯然失色。

“魔都”身上所蕴藏的深厚底蕴，使得它自然而然地成为中央眼里最合适去打破全球旧有秩序的排头兵。所以，很久以前中央就对上海寄予了很高的希望，赋予其最高等级的城市定位。

1992 年的中共十四大报告中提出：“以上海为龙头，进一步开放长江沿岸城市，尽快把上海浦东建成国际经济、金融、贸易中心之一，带动长江三角洲和整个长江流域地区经济的飞跃。”2004 年，上海的定位又在上述三个中心的基础上加上了“航运中心”。[①]

对于彼时的上海来说，制定这样的计划确实称得上野心勃勃。这座城市的发展方向并不属于它自己，而是具有非常浓厚的国家色彩。

如果说天津的直辖，是为了成为拱卫首都的京畿重地，那么上海的直辖，则是为了承载国家战略，而专门划出的“经济上的陪都”。

不过，近年来有两座半路杀出的城市，盛气凌人，无形中把上海拽下了神坛。

先是隔壁的杭州。作为红色年代的高级干部疗养中心，21 世纪初杭州还在费尽心思想要融入大上海，而近年来却借着互联网的东风大出风头。上海被戏称为环杭城市。

---

① 张剑荆：《上海：走出阴影》，载于《中国经济时报》2008 年 3 月 3 日。

紧跟着，深圳的 GDP 相继超越广州、香港，仅用四十年时间就改写了珠三角的格局。这对于其所在区域的冲击力，不亚于 1843 年上海开埠对于长三角经济版图的颠覆性作用。

原本继大国博弈下炸出“最牛街道”之后，深圳就开始以“宇宙中心”自居，2019 年 8 月中旬又拿下了“社会主义先行示范区”的桂冠，深圳人就更为“膨胀”了。

网上曝出有深圳房东毁约，一夜间房价大涨几十万，客户问凭什么，这位房东回复称：你回去好好复习一下，什么叫作社会主义先行示范区！言语间的神态仿佛深圳赶超上海已成现实。

不知道从什么时候开始，好像谁都可以不把“魔都”看在眼里。上海被越来越多的人贴上其他标签：产业落伍、科创力弱、互联网企业折戟沉沙之地……

然而，上海真的衰落了吗？

令人炫目的批量造富本领

过去十余年，互联网风起云涌。上半场，北京、杭州、深圳分别诞生了 BAT（百度、阿里巴巴、腾讯），下半场“帝都”又独揽了 TMD（今日头条、美团、滴滴）。曾经是冒险家乐园的上海，有点局外人的感觉。

每天，媒体上都有关于互联网企业家的大量新闻。今天在这里建个仓库了，明天在那里开个无人超市了，相关的信息铺天盖地。

阿里巴巴集团 2019 财年的营收是 3768 亿元，比制造业的正威国际集团少 1283 亿元，但是马云的一举一动，远比正威创始人王文银更牵动舆论的视线。

为什么会这样？

从产业的角度来看，互联网行业比起制造业，更拥有令人炫目的批量造富本领。在这个时代，普通人只要能讲好一个故事，就有资本愿意买单，就能实现过往几代人时间才能做到的阶层跃升。因此更具有眼球效应。

从公关的能力来看，互联网企业借助资本的力量，滚雪球的速度远比制造业要快，从业人员薪酬更高。所以在传统媒体衰落之后，记者主编跳槽做公关，首选也是互联网公司。他们本身就深谙传播的规律，加之人脉关系的留存，因而拥有非常强劲的议程设置能力。企业诞生伊始，这批媒体人出身的公关团队，就不断地宣传造势，推波助澜，一步步地把所在企业推向聚光灯下。

从观众的角度来看，互联网行业本身就特别擅长“讲故事”。不管是内涵还是外延，不管是商业模式还是发明创造，互联网行业基本都不涉及复杂晦涩的概念，远比制造业背后的物理、化学、生物原理简单多了，观众容易听懂，这点制造业就很吃亏。而且互联网是对“人”的，制造业是对“物”的，所以对于观众来说，互联网行业天然具有新闻接近性，也更容易得到关注。

前十余年，互联网消耗了全社会最多的媒体资源，包装出一个又一个的明星大佬。不可否认，层出不穷的互联网创新改变了当下社会生活的方方面面，重塑并定义了现代人的生活方式。

不过，互联网经济的兴起，也带来了其他意想不到的效果：由于在讲故事方面相形见绌，制造业慢慢地被污名化了，制造业过时论、低端论的声音不绝于耳。

就是在这样的大背景下，上海的神话和光环被端掉了。

经济上的“陪都”

其实，当大家把焦点集中在互联网经济身上时，上海在静悄悄地做一件大事：沉下心来，闭关修炼。

全世界有两种船最难建造，一种是豪华游轮，一种是 LNG（液化天然气）船。LNG 船的特殊性就在于，在装了液化天然气后，它就好比一颗浮动的原子弹，风险性很高。全球能建造这种“海上超级冷冻车”的企业，不过十来家，全都集中在发达国家。

上海的沪东中华造船集团有限公司花了10年时间，攻克下超低温（–163℃）液货围护系统、耐超低温液货驳运系统、特殊动力控制系统三大核心技术，使得中国一跃成为世界第三大LNG船制造国。[①]

到今天为止，沪东中华仍是中国唯一一家能够制造这种高端产品的基地。2019年4月，沪东中华宣布与世界著名船级社DNV–GL携手合作，共同开发27万立方米LNG运输船。

这是全球最大的LNG运输船，载量高达1.55亿立方米，相当于每跑一次，它所运输的天然气就能给千万人口级别的特大城市使用一个月。

当然，上海还远不满足于此。除了LNG船之外，世界造船业还有中国最后一块尚未攻克的高地——豪华邮轮。

发起冲刺的，仍然是那个被认为“老土”的上海。只不过，这一回的主角换成了上海外高桥造船有限公司。这家国企成立于1999年，自出生时就确立了建造世界一流产品的初心。

2019年10月，外高桥造船正式开工建造中国第一艘国产豪华邮轮。这艘船总吨位达13.5万吨，总长323.6米，型宽37.2米，最大吃水8.55米，最大航速22.6海里 / 小时，最大可载乘客5260人，总客房2125间。据媒体报道，首艘国产大型邮轮的体积是泰坦尼克号的三倍，技术工艺与航母相当。

等到它2021年下水，中国将终结亚洲船厂从未独立设计建造邮轮的历史，中国庞大的邮轮旅游市场也有望被激活。

曾经，互联网经济成了衡量一切的准绳。在有些人眼里，一个城市里互联网寡头的多与少，与整个城市的科技创新能力画上了等号。

哪座城市的电商火、骑手多、团购猛，人们就会认为那里有互联网基因，城市大有前途，反之则是落后的代表。上海冷冷清清，所以它不配做超级城市。

那段时间，大量资本围绕着互联网转，什么百团大战、生态化反、网

---

① 参见高博:《创新助推中国造船业激流勇进》，载于《科技日报》2018年7月24日。

约车大战、共享单车泡沫。当北京、杭州的天使投资人，追在一张 PPT 屁股后边“击鼓传花”的时候，上海反而是埋头苦干。它在琢磨中国制造的下一步。

2008 年 5 月中国商用飞机有限责任公司在上海成立，旗下包含了上海飞机设计研究院、上海飞机制造有限公司、上海飞机客户服务有限公司、民用飞机试飞中心等。据其官网介绍，中国商飞由国资委、上海国盛、中国航空工业、中国铝业、宝钢集团、中化股份共同出资组建。

这里面除了央企之外，主要就是上海的资金了。上海是拿出了真金白银砸进去的。中国商飞的成立，绝不仅仅是为了巩固上海作为中国两大航天产业基地之一的地位，它更重要的战略任务，是推动中国的民用飞机实现产业化。

公司成立后就马不停蹄投入研发。2015 年，中国商飞主导研制的中国第一架国产涡扇支线喷气客机 ARJ21-700 飞机交付使用，截至 2019 年 8 月 30 日收到了 596 架订单。

2017 年，中国商飞主导研制的中国第一架国产大飞机 C919 首飞成功，至今海内外的订单数早已突破 1000 架。

沉下心来搞研发的上海，硬是从波音、空客两大巨头口中抢下肥食。它的存在，让全世界见识到了什么叫作“十年磨一剑”。

此外，为了给大飞机装上“中国心”，2009 年在上海成立的中国航发商用航空发动机有限责任公司担当起重任。这家公司由中国航空发动机集团与上海烟草、上海电气、上海国盛（集团）有限公司共同出资组建。

9 年之后，其研制的大客发动机验证机 CJ-1000AX 首台整机点火成功，核心机转速最高达到 6600rpm。如果进展顺利，CJ1000-A 发动机将于 2022 年装备 C919 大飞机。要知道，航空发动机被誉为一个国家工业“皇冠上的明珠”，全球能造航空发动机的国家根本没有几个。

上海就是这样，不鸣则已，一鸣惊人。

LNG 船、豪华邮轮、大飞机、航空发动机，这些超级工程的研发制造费力不讨好。一旦失败，之前所付出的天量投资都将打水漂。

但没有办法，作为“经济上的陪都”，上海肩负着这个国家在经济领域最重的历史使命，它必须表现出领袖的一面。只有扛起别人不想接、不敢接的基础性、引领性任务，上海才能够统率其他省市兄弟发起总攻。

每年，中国都要进口上万亿元的芯片，进口额甚至超过石油这一工业血液。这个小小的集成电路组件，堪称整机设备的“发动机”，掌控着一个国家的信息安全命门。但偌大一个中国，竟多年处于“裸奔”的状态。

挑起攻关重任的，同样还是上海。2013 年，上海兆芯出世，6 年后兆芯推出的开先 KX-6000 系列处理器，性能已相当于英特尔目前主流的第 7 代 i5-7400 水平。

据《解放日报》报道，这款产品采用与英特尔相同的 x86 架构，使得国产 CPU 能够与 Windows 视窗操作系统和应用软件形成良好的兼容。在兆芯之前，国产 CPU 的性能只能达到英特尔的 10%，兆芯产品出来后，性能已达到英特尔主流产品的 80% 以上。

上海兆芯自诩中国大陆唯一一个可以完全替代英特尔同类型产品的国产自主 CPU 供应商。早在 2018 年，基于兆芯 CPU 的国产整机就成功进入到上海、安徽、福建、济南、武汉等政府采购目录。在党政军等安全涉密的约 5% 的市场中，兆芯有较大份额。接下来，它将持续开拓剩下的 95% 公开市场。①

历经多年努力，上海成了中国大陆半导体产业最强大的城市。走入张江科技园，我们还可以看到中国第一大芯片代工制造商——中芯国际，它拥有 14 纳米（相当于头发丝的 1/6000 细）工艺技术；全球 5G 核心芯片的第一梯队供应商——紫光展锐……

船舶制造、民用航空、集成电路，这些产业出现的历史远比互联网久远，但过去很长时间内，它们一直是中国的软肋。

当别人都在讨论新潮的互联网经济时，“衰落”的上海把主要精力花在了一些不洋气的产业上。

---

① 参见刘锟：《一个芯片脉动着“追赶者”的雄心》，载于《解放日报》2018 年 2 月 12 日。

正是基于这种沉默的付出，中国原本空白的高端制造业不断涌现出新的技术、新的材料、新的工艺，逐渐掌握了一部分全球话语权。上海对自我的更新换代，在相关领域里成功帮助了中国从跟跑变为并跑。

大国博弈下，能够让一个民族屹立不倒的，绝不是什么共享单车，什么扫码支付。只有靠高铁、5G、大飞机这类真正硬核的“黑科技”，中国的民族工业才能不被卡脖子。我认为，中兴危机、华为风波已经很好地验证了这个道理。

补上互联网短板

这就是上海，一座久经沧桑的城市的伟大之处，它不会为了讨好资本，费尽心思去讲一个“好故事”。

过去十余年来，上海埋头苦干，把自己变成一个后来者难以超越的“巨无霸”。即便是其最受诟病的互联网行业的发展，这两年也悄然发生了巨大变化。

2019 年 8 月份工信部发布的中国互联网公司百强榜单中，上海有 19 家公司上榜，数量仅次于北京。

不知不觉当中，上海已成了新经济企业的热土。喜马拉雅、小红书、哔哩哔哩、拼多多等都诞生在上海。在各自的细分市场中，它们都是不可忽视的力量。

以拼多多为例。抛开争议性不说，这家企业确实成长很快，而且还颠覆了我们对于上海的刻板印象。

有人指出，之前电商平台强手如云，几乎所有电商模式都被玩了一遍，本来该行业就要进入存量拼杀的阶段了，然而拼多多出现了。它下沉到农村和县城，以便宜到不可思议的价格，充分挖掘出“十八线”的人口红利。这种“五环外”的世界，别人要么看不到，要么不屑于，要么就是有心无力触及不了，而拼多多却做到了。最后，它还通过“万人团”模式，反向渗透一二线城市，实现由农村包围城市。

2019年的8月30日，成立仅仅三四年的拼多多收盘市值391亿美元，一举超过百度、小米、网易等巨头，成为中国第五大上市互联网公司。它的逆袭，让“上海为什么出不了BAT”一下子变成了伪命题。

拼多多创始人黄峥是一名数据科学家，本科毕业于浙大，美国威斯康星大学计算机硕士，还曾在微软、谷歌工作多年，标准的精英画风。但就是精英范儿的上海，精英范儿的新上海人，培育出作风彪悍、甚接地气的拼多多，搅动了整个互联网生态圈。

很多人惊诧于，原来只要上海肯降下身段，它的玩法照样可以很野。这一点，跟昔日的小渔村深圳何其之像。深圳浑身上下散发着小县城的基因，从来都不循规蹈矩。当年低价“山寨”手机盛行的时候，有的公司会开发许多稀奇古怪的功能，比如说一个手机上安装16个喇叭。深圳的电子信息产业，就是依靠这样的草根打法起步的。

过去40年，深圳从一个小渔村一跃成为超级城市，创造了无数奇迹。在这种光环的掩盖下，很多人其实忽视了老上海所隐藏的能量。

当下，人工智能已成为继互联网之后的又一风口。要说未来二三十年引领新一轮产业变革的颠覆性技术，可能互联网的故事就应该翻篇了，人工智能才是主角。

在这场关系全局的城市大战中，上海浑身充满了干劲。虽然北京、深圳培育出了商汤科技、大疆等知名企业，但上海一点也不甘示弱。

截至2019年9月，上海人工智能核心企业突破1000家，泛人工智能企业超过3000家，人工智能相关产业规模700亿元，初步建成中国人工智能发展的领先地区之一。

依图科技是其中有代表性的一家。这家公司拥有10亿级人像库比对能力，其人脸识别技术，曾经多次帮助警方在张学友演唱会上抓到逃犯。作为中国计算机视觉四大独角兽之一，其估值早已突破150亿元。

有数据显示，目前国内人工智能商业落地的百强企业中，上海有22家。每3个人工智能人才，就有1个在上海。

其实上海人工智能产业的快速集聚，与该市优越的产业基础是密不可分的。像中芯国际、紫光展讯等芯片企业，为人工智能发展提供了基础性支撑。上海在航空、航天等军民两用产业上攻坚拔寨，不断涌现的新技术开始流动和外溢起来，辐射到了新一代的人工智能……

对深圳来说，上海仍是它今生最强的对手。

谁是“下一个硅谷”

从很多指标上来看，上海科创环境的基础条件远胜于深圳。

算经济体量，上海 2018 年实现国民生产总值 3.26 万亿元，同期深圳为 2.46 万亿元，上海是深圳的 1.32 倍。

算科研院校，上海名牌大学云集，包括复旦大学、上海交通大学、同济大学、华东理工大学、海军军医大学等 64 所高等院校，深圳本土仅有深圳大学、南方科技大学等 13 所高校，上海在数量和质量上均碾压深圳。

算顶尖人才，上海在编院士 167 人，深圳全职院士 41 人，上海人数是深圳的 4 倍。

算金融实力，上海 2018 年末本外币各项存款余额 12.11 万亿元，本外币各项贷款余额 7.33 万亿元，同期深圳全市金融机构本外币存款余额 7.25 万亿元，本外币贷款余额 5.25 万亿元。

不管是经济体量、资本体量，还是科研团队、人才层次，上海都优于深圳，按理说应该可以给科技初创企业提供更多的市场空间、合作机会、融资机会，孵化出更多高质量的科创载体。

不过，从表 2-1 可以看到，2018 年上海的高新技术企业仅为 9206 家，远低于深圳的 14400 家。

表 2-1 2018 年高新技术企业城市分布情况

排名	城市	数量（家）
1	北京	25000
2	深圳	14400

续表

排名	城市	数量(家)
3	广州	11000
4	上海	9206
5	东莞	5798
6	苏州	5416
7	天津	5038
8	佛山	3949
9	杭州	3919
10	武汉	3527
11	南京	3126
12	青岛	3122
13	成都	3000
14	重庆	2504
15	中山	2300
16	长沙	2300
17	西安	2139
18	合肥	2100
19	无锡	2064
20	珠海	2000
21	宁波	1739
22	厦门	1626
23	济南	1558
24	常州	1444
25	郑州	1329
26	南通	1300
27	沈阳	1230
28	大连	1200
29	福州	1027

数据来源：根据公开报道整理

为什么会形成这么巨大的落差？

首先，是深圳充分利用了地方上的“自由裁量权”，积极为本土科技企业争取高新技术企业资格。

上海财经大学公共经济与管理学院教授范子英在深圳调研时发现，国家将高新技术企业的认定权限下放给了地方政府，省、直辖市和计划单列市都拥有认定权限，但认定标准并不是非常明确，相关认定办法规定，高新技术企业需要满足 8 项条件，其中有 3 条是非常模糊的，没有明确的数据标准支撑，即便是有明确指标要求的，争议空间也非常大。有的地方科技部门将高新技术企业认证作为一项权力，深圳市的科技部门则将认证工作作为对企业的一项服务，积极性很高。①

其实，这就是深圳“放水养鱼”的策略。按规定，高新技术企业可以享受 15% 的企业所得税优惠，这对于企业长远发展具有莫大帮助。只要它们成长为参天大树，自然会贡献更多的地方税收。

而且，等到企业开花结果，本土研发实力的提升也就水到渠成了。深圳的战略思路，一定程度上会增加高新技术企业的数量。

其次，深圳市场经济发达，政府权力与市场边界相对明晰，比较少干预市场，企业要在激烈的市场竞争中生存下来，就必须铆足劲去研发核心技术，这样才能立于不败之地。②而上海国有经济成分较大，平日里就有一定的补贴和保护，制度环境决定了科创的主动性、积极性弱了一些。

相较于地方上对高新技术企业认定的积极性，这个因素可能更为关键。我们可以从一个指标当中得到印证。

2018 年，深圳 PCT 国际专利申请量达 18081 件，约占全国申请总量的 34.8%，连续 15 年居全国大中城市第一名，同期上海仅为 2500 件，不到深圳的 14%。③这个数据覆盖了社会上所有企业的科技研发活动，既包

① 参见张军主编:《深圳奇迹》，东方出版社 2019 年版，第 198 页。

② 有的媒体甚至将深圳比喻成“空气政府”，平日里不去干扰企业发展，有需求时又会马上出现，有求必应。

③ 深圳有 5 家企业进入全球国际专利申请前五十强企业榜单，分别是华为、中兴、腾讯、大疆和华星光电，其中华为蝉联全球第一，申请量达到了创纪录的 5405 件，为全上海市的两倍多。上海无一家企业入围前五十强。

括了被官方盖章印戳的高新技术企业，也包括了其他企业，能够全面反映出当地的科创活跃度。

总结起来，上海的原始创新强过深圳，集成应用创新弱过深圳。目前，两座城市都提出要打造国际科创中心。到底谁会成为“下一个硅谷”，取决于谁能够更快地复制到对方的长处。

合肥：全中国最敢“赌”的城市

2020 年 2 月 25 日，合肥市政府宣布投资蔚来汽车超 100 亿元，作为“交换”，蔚来汽车中国总部将落户合肥，并在江淮蔚来工厂启动 EC6 量产项目。

消息震惊了海内外。

数年来，这家中国版特斯拉一直在“烧钱”，截至 2019 年底亏损了约 220 亿元，几近断粮。就在它快要被外界判死刑的时候，又奇迹般找到了新靠山，成功续命。

不过，如果你因此把合肥当成一个“接盘侠”，那你就太小看它了。

作为全中国最敢“赌”的一座城市，合肥几乎每一次冒险下注都赌对了，堪称全中国最厉害的投资合伙人，最成功的风投公司。

多年来，它就是通过这种政府主导融资的方式，凭空创造了很多一、二线城市都非常羡慕的新兴产业，硬生生把一个昔日的江淮小邑，“赌”成了“全球家电之都”“中国 IC 之都”“中国光伏第一城”“平板显示器之都”。

其经济体量相继超越十座省会城市，现在仅差临门一脚就能踢入万亿俱乐部。

很少人知道，合肥这一身本领都是被逼出来的。它的故事，完美阐释了什么叫作“我命由我不由天”！

十年前才有第一个集装箱码头

二十年前，合肥被嘲讽为“中国最大的县城”。

虽是一省首府，但 2000 年 GDP 仅为 325 亿元，比广东肇庆、山东临沂这类“十八线”城市还要低。

要知道，肇庆有一半属于粤东西北的塌陷带，在广东省内排名第11位，临沂则是山东革命老区，在山东省内也属于中下游。

二十年后的今天，合肥的GDP已经高达9409亿元（2019年），位列全国第21名，相比2000年整整跃升了59个名次。

十几座省会/副省级城市相继被合肥甩在身后。西安作为丝绸之路经济带的起点，肩负西北复兴的重任，中央赋予国家中心城市和自贸区的双王牌，却被合肥赶超了。大连作为东北三省的黄金出海口，集合了老工业基地的顶级遗产，也被合肥打败了……

这样的成绩，堪称奇迹。

第一，合肥的位置不东不西，区位优势甚至抵不过省内的皖南门户芜湖。人家1876年就被辟为对外通商口岸，是长江溯江而上的最后一个万吨级深水良港。

合肥直到2010年12月30日开通合肥港综合码头后，才结束没有集装箱码头的历史。即便如此，不位于长江主干道边上的区位缺陷，还是让它的运输成本总是高出一截。这决定了合肥在搞产业集群的时候，天生跛脚。

往东融入上海大都市圈，中间隔着南京这座大山。往西，武汉是制造业重镇，拥有比沿海更低廉的劳动力，又是“九省通衢”。所以上海以及国外的产业在往内陆转移时，很容易被南京和武汉截胡。

第二，合肥是在一片废墟中起步的。中华人民共和国成立之初，合肥全市不过5平方公里、5万人口，一些铁匠铺和十几台烧“木炭”的汽车，就是全部的工业家当。[①] 赶超之路，要比别人多花十倍的努力。

第三，历史上安徽换了二十多次省会，谁也不服谁。马鞍山、芜湖、滁州、宣城几个更是急于融入南京都市圈，把南京捧为了“徽京”。合肥一度空有省会之名，却不能很好地集聚省内资源。

遥想十几二十年前，全省兄弟都瞧不上合肥。而今天的合肥，已人称

---

① 参见盛志刚、吴旭东:《话说合肥经济圈》，合肥工业大学出版社2012年版，第27页。

中国“霸都”，大有与南京平起平坐的势头。

合肥凭什么这么“牛”？

“创造产业”模式

故事还要从2005年讲起。当时合肥定下了“工业立市”的战略，试图用“大招商”的方式改变落后局面。

思路是对的，道路却十分艰难。就像前文所述，合肥手里拿到的全是最烂的牌，该怎么打?

换成普通城市，无非就是捡别人剩下的残羹冷炙，或者是承接别人淘汰不要的高能耗、高污染企业。这样做也能创造就业，拿到GDP和税收，但是永远都不可能有爆发式的增长。

本身在全球产业链当中，中国就处于第二梯队，发达国家总是把最先进的技术掌控在自己手里，能卖给中国或者跑来投资开厂的，经常是过时的技术或者是落后了一个世代的生产线。而合肥又非沿海发达地区，更是第二梯队中的第二梯队。

如果只是循规蹈矩，被动地承接，合肥永远都不可能站在全球制造业的前沿。

这种天生跛脚的出身，逼得合肥不得不在招商引资的过程中，经常作出冒险性的决策：以地方融资平台为桥梁，通过政府出钱主导融资的方式引进行业巨头，再撬动上下游企业落地；即便这个巨头，正陷入困局或者备受争议，只要看准了，就不惜一切代价。

第一个经典案例是京东方。其实在合肥TFT–LCD六代线这条中国自己建成的第一条高世代线之前，京东方远没有像今天这么风光。

据北京大学政府管理学院路风教授披露，2008年前，京东方多年半死不活的状态使得上至政府、下至金融机构媒体都不看好这个产业，全社会普遍认为只有从国外引进才能建设高世代线，中国企业搞不定。京东方非常孤独和难熬。

液晶显示器作为全球尖端产业，一条生产线动辄一两百亿元的投资规模，那个时候在中国是极为罕见的。京东方没有这个财力到处扩张，所以需要地方政府充当“投资合伙人”，拿出真金白银来。而合肥一年的地方财政收入也才一百亿，若是打了水漂，后果不堪设想。但是合肥市仍执意要冒这个险。因为合肥虽已积聚起一个相当规模的家电产业，但缺芯少屏，液晶显示器需要进口，增加了家电产业的成本负担，根基不稳。①

当时的中国白色家电中心争夺战非常炽热。前有青岛、顺德两大龙头的夹击，后有武汉虎视眈眈，合肥不得不背水一战，顶着公务员发不出工资的压力承诺拿出 90 亿元融资，据说还为此暂停了地铁项目（最后实际出资 30 亿元）……

事实证明，合肥的冒险下注是对的，TFT–LCD 六代线落户之后，基板玻璃、偏光片、模组等企业都跑来配套集聚，形成了“从沙子到整机”的全产业链，合肥就此拥有了新型显示面板产业。

合肥的家电产业也得以在 2011 年一举突破千亿元，将武汉彻底甩在身后，正式晋升为全国最大的家电生产基地。

之后，合肥又通过注资、收回再注资的模式，引进京东方 8.5 代线、10.5 代线、维信诺 AMOLED6 代线（总投资 440 亿元，合肥出 180 亿元），成为今天世界上最大的新型显示面板生产基地之一。②

这种“创造产业”模式，贯穿合肥整个发迹史。

2012 年前，集成电路产业在合肥几乎是一片空白。这是全世界最为高精尖的民用产业之一，投资大、周期长，稍微正常的企业绝对不敢随便踏入。如果全部交由市场，按照合肥本土企业的成长路径，几乎不可能形成产业集群。

关键时刻，合肥市政府出马了。又是熟悉的配方，熟悉的味道：

据《21 世纪经济报道》，2015 年合肥通过地方融资平台与台湾力晶

① 参见路风:《光变》，当代中国出版社 2016 年版，第 200 页。
② 参见江月等:《安庆动起来，你是在沉睡还是在奋斗》，载于《安庆日报》2018 年 12 月 24 日。

科技合资，成立了合肥晶合公司。力晶科技虽然是全球前五的晶圆制造企业，但是2008年因经营不佳开始陷入财务危机，2013年转好后仍背负高额银行债务。签约的时候，力晶科技表示“第一年不出资，由合肥市政府先投资建厂，明年起再逐步以少量资金及技术作价入股”。

所以，这个总投资128亿元的晶圆制造项目，合肥市要出资48亿元，并包揽总投资20亿元的厂房建设。“合伙人”做到这步也是没谁了！

不过，这个安徽省首家12英寸驱动芯片晶圆代工项目，确实打通了合肥半导体从设计、制造到封测的整条产业链。这一点非常关键，晶圆代工是整个产业链条当中科技含量最高的一个环节。没有这个制造环节，上游的设计无法落地，下游的封测没有货物来源。因此具有强大的杠杆效应，极大地帮助了合肥招引更多关联企业。

今天的合肥，已拥有集成电路企业200余家，包括长鑫存储、通富微电、联发科等行业龙头，并被工信部列为全国9大集成电路集聚发展基地之一。

而每年生产的芯片，也就近输往合肥的京东方、江淮汽车、格力工厂等，托起了家电、平板显示、汽车几大主导产业。

地方政府公司主义

纵观过去，合肥的命确实够“硬”，几乎每一次都赌对了。它的好些新兴产业，几乎都是在一夜之间崛起的。

今天合肥拿出百亿“风投”驰援蔚来汽车，不过是历史的重演。一旦“赌赢”，就能加速进入全国新能源汽车产业的第一方阵。

这种充当投资合伙人的模式，放到学术界来讲叫作“地方政府公司主义”。政府不单单是社会的“守夜人”，还是市场的“运动员”，强有力地主导本土产业政策，使得合肥这样一个二线城市，奇迹般地拥有一线城市的选择产业决定权。[1]

所以，合肥逆袭的故事，本身就极具中国特色，是一个只可能在中国实现的神话。

当然，合肥冒险下注不是瞎蒙的，而是建立在对产业规律的深度理解之上。

据《安庆日报》报道，从市领导到普通招商人员，合肥市有一大批人在研究产业。行业协会网站、产业发展报告、上市企业招股说明书、企业新闻、机构分析通通都要看，只有成为一个类似于投行专家的人，才能和企业“在一个频道对话，打动他们、引进他们”。

一句话，这么多年来，合肥“爆表”的投资收益率，靠的是实力，不是运气。

除了“专业化招商”之外，合肥还大力实施“全民招商”，所有干部都要降低姿态，服务好目标企业。

所以，合肥获得了“全国十大经商成本最低城市”等称号，创造出很多不可能的纪录：一家国内顶尖电子企业在合肥投资，从项目签约到开工只花了 11 天；半个月时间，就将一块 1000 亩的生地变成熟地，供应给一家亚洲太阳能龙头企业……

得益于这样的实力，海内外资金大量涌入合肥的制造业和服务业。数据显示，2006—2010 年，合肥“十一五”期间累积招商引资 4360 亿元，是“十五”期间的七倍多。2011—2015 年，“十二五”期间累积招商引资 1.27 万亿元，是“十一五”期间的近三倍。2016—2018 年，又分别完成 3810 亿元、3850 亿元、3591 亿元。

工厂日夜轰鸣，城市生机勃勃，GDP 一路突飞猛进。

在智谷趋势统计的 37 座重要城市当中，2001—2019 年合肥的 GDP 增幅高达 2489%，排名第一。

---

① 参见路风:《光变》，当代中国出版社 2016 年版，第 305 页。

表 2-2 部分主要城市 GDP 增长情况

排名	城市	2001 年 GDP（亿元）	2019 年 GDP（亿元）	增幅
1	合肥	363.4	9409.4	2489.0%
2	东莞	579	9482.3	1538.0%
3	长沙	728	11574.22	1489.7%
4	郑州	828	11589.7	1299.4%
5	深圳	1954	26927.09	1277.9%
6	贵阳	303	4039.6	1234.3%
7	呼和浩特	211	2791.46	1222.2%
8	西安	734	9321.19	1170.2%
9	南京	1150	14030.15	1119.7%
10	武汉	1348	16223.21	1103.7%
11	重庆	1977	23605.77	1094.1%
12	南通	809	9383.4	1059.4%
13	南昌	486	5596.18	1052.4%
14	海口	146	1671.93	1047.9%
15	成都	1492	17012.65	1040.2%
16	苏州	1760	19235.8	992.8%
17	厦门	558	5995.04	973.7%
18	太原	386	4028.51	942.7%
19	佛山	1068	10751.02	906.3%
20	杭州	1568	15373	880.4%
21	昆明	673	6475.88	862.2%
22	北京	3708	35371.3	853.9%
23	宁波	1313	11985.1	813.0%
24	青岛	1316	11741.31	792.1%
25	济南	1066	9443.37	785.7%
26	广州	2686	23628.6	779.8%
27	福州	1074	9392.3	774.3%
28	无锡	1360	11852.32	771.5%

续表

排名	城市	2001 年 GDP（亿元）	2019 年 GDP（亿元）	增幅
29	兰州	349	2837.36	713.6%
30	烟台	980	7653.45	681.0%
31	天津	1919	14104.28	634.9%
32	上海	5210	38155.32	632.3%
33	长春	1003	5904.1	488.6%
34	大连	1236	7001.7	466.6%
35	石家庄	1085	5809.9	435.3%
36	沈阳	1236	6470.3	423.3%
37	哈尔滨	1120	5249.4	368.6%

注：暂缺银川、南宁、西宁、乌鲁木齐数据

数据来源：各地统计公报

如果说，深圳是过去 40 年改革开放上半场最耀眼的明星，它仅用大概 20 年时间就闯入了全国前四，一举奠定北上广深的一线格局；那么，改革开放下半场的主角一定是合肥，它是继深圳之后，全中国逆袭最为成功的城市，没有之一。

全国第二个综合性国家科学中心

合肥近年来的发展速度特别惊人，名义增速常年保持在 10% 上下。

表 2-3　合肥市 2005—2019 年历年 GDP 名义增速

年份	GDP 名义增速（%）
2005	17.5
2006	17.9
2007	18.7
2008	17.7
2009	17.8

续表

年份	GDP 名义增速(%)
2010	17.5
2011	15.4
2012	13.6
2013	11.5
2014	10.0
2015	10.5
2016	9.8
2017	8.5
2018	22.8
2019	9.3

注：2018 年因全国经济普查 GDP 有所修订，上调了 782 亿元，导致名义增速波动较大
数据来源：合肥统计公报

照这样的势头发展下去，合肥大概率会闯入前 20 名，至少传统产业占比过重的泉州可能就会被挤下来。

真正的问题在于，未来合肥会不会赶超佛山、郑州、青岛、宁波、无锡、长沙，挤入全国前 12 名？

毕竟合肥现在的体量已约相当于佛山（第 17 名）的 87%，郑州（第 15 名）的 81%，宁波（第 12 名）的 78%，再跳一跳似乎也够得着。

这一点，合肥确实也存在着想象空间。

一直以来，它就是全国数一数二的科教名城，拥有以中国科技大学为代表的51所高等院校，以中科院物质研究院为代表的200多个科研院所。[①]

2017 年，合肥获批综合性国家科学中心，这是继上海之后第二个获此殊荣的城市，比北京、深圳都要早。可见合肥的“江湖地位”之高。

这里有三个大科学装置——同步辐射、全超导托卡马克（EAST）、稳态强磁场，四个国家实验室——国家同步辐射实验室、微尺度物质科学国

① 中国科学院在国内科学界拥有一等一的实力，全国各地的大科学装置多数是由中科院牵头建设的。

家实验室、磁约束核聚变国家实验室、中国科学院量子信息重点实验室，是全国除北京以外大科学装置 / 国家实验室最集中的城市。

表 2–4　合肥市各类实验室不完全统计

单位名称	主管部门	依托单位	级别
国家同步辐射实验室	科学技术部	中国科学技术大学	国家级
合肥微尺度物质科学国家实验室	科学技术部	中国科学技术大学	国家级
磁约束核聚变国家实验室（筹）	科学技术部	中科院合肥物质科学研究院	国家级
火灾科学国家重点实验室	科学技术部	中国科学技术大学	国家级
压缩机技术国家重点实验室	科学技术部	合肥通用机械研究院	国家级
中国科学院核探测与核电子学国家重点实验室	科学技术部	中国科学院高能物理研究所 中国科学技术大学	国家级
茶树生物学与资源利用国家重点实验室	科学技术部	安徽农业大学	国家级
稀土永磁材料国家重点实验室	科学技术部	安徽大地熊新材料股份有限公司	国家级
建筑健康监测及灾害预防技术国家地方联合工程实验室	发改委	安徽建筑工业学院	国家级
语音及语音信息处理国家工程实验室	发改委	科大讯飞 中国科学技术大学	国家级
高节能电机及其控制技术工程实验室	发改委	安徽大学 皖南电机股份有限公司	国家级
作物抗逆育种与减灾国家地方联合工程实验室	发改委	安徽农业大学	国家级
特种显示国家工程实验室	发改委	安徽华东光电技术研究所 合肥工业大学	国家级
中国科学院结构分析重点实验室	中国科学院	中国科学技术大学	部属
中国科学院选键化学重点实验室	中国科学院	中国科学技术大学	部属
中国科学院结构生物学重点实验室	中国科学院	中国科学技术大学	部属
教育部计算智能与信号处理教育部重点实验室	教育部	安徽大学	部属
中国科学院量子信息重点实验室	中国科学院	中国科学技术大学	部属
中国科学院离子束生物工程学重点实验室	中国科学院	中科院合肥物质科学研究院	部属
中国科学院材料力学行为和设计重点实验室	中国科学院	中国科学技术大学	部属
农产品生物化工教育部重点实验室	教育部	合肥工业大学	部属

续表

单位名称	主管部门	依托单位	级别
中国科学院材料物理重点实验室	中国科学院	中科院合肥物质科学研究院	部属
广电总局同步广播电视技术重点实验室	广电总局	安徽省广播电视科研所	部属
教育部光电信息获取与控制重点实验室	教育部	安徽大学	部属
中国科学院壳幔物质与环境重点实验室	中国科学院	中国科学技术大学	部属
中国科学院基础等离子体物理重点实验室	中国科学院	中国科学技术大学	部属
中国科学院环境光学与技术重点实验室	中国科学院	中科院合肥物质科学研究院	部属
国家环境保护环境光学监测技术重点实验室	环境保护部	中科院合肥物质科学研究院	部属
体育总局运动训练监控与评价重点实验室	国家体育总局	安徽省体育科研所	部属
中国科学院核探测技术与核电子学重点实验室	中国科学院	中国科学技术大学	部属
中国科学院网络传播系统与控制重点实验室(培育建设)	中国科学院	中国科学技术大学	部属
中国科学院通用光学辐射定标与表征技术重点实验室	中国科学院	中科院合肥物质科学研究院	部属
中国科学院星系宇宙学重点实验室	中国科学院	中国科学技术大学	部属
中国科学院能量转换材料重点实验室	中国科学院	中国科学技术大学	部属
中国科学院新型薄膜太阳能电池重点实验室	中国科学院	中科院合肥物质科学研究院	部属
中国科学院大气成分与光学重点实验室	中国科学院	中科院合肥物质科学研究院	部属
多媒体计算与通信教育部—微软重点实验室	中国科学院	中国科学技术大学	部属
中国科学院软物质化学重点实验室	中国科学院	中国科学技术大学	部属
中国科学院脑功能与脑疾病重点实验室	中国科学院	中国科学技术大学	部属
黄淮南部小麦生物学与遗传育种重点实验室	农业部	安徽农业大学	部属
农业部杂交稻新品种创制重点实验室	农业部	安徽荃银高科种业股份有限公司	部属
农业部农业物联网技术集成与应用重点实验室	农业部	安徽朗坤物联网有限公司	部属

续表

单位名称	主管部门	依托单位	级别
城市交通管理集成与优化技术公安部重点实验室	公安部	安徽省公安厅 安徽科力信息产业有限责任公司 北京航空航天大学 合肥工业大学	部属
水稻遗传育种重点实验室	农业部	安徽农业科学院	省部共建（部属）
国家气象局大气科学与卫星遥感重点实验室	国家气象局	安徽省气象科学研究所	省部共建（部属）
茶叶生物化学与生物技术教育部重点实验室（国家重点实验室培育基地）	教育部	安徽农业大学	省部共建（部属）
皮肤病学教育部重点实验室	教育部	安徽医科大学	省部共建（部属）
抗炎免疫药理学省部共建教育部重点实验室	教育部	安徽医科大学	省部共建（部属）
教育部特种显示技术教育部重点实验室	教育部	合肥工业大学	省部共建（部属）

来源：合肥市科学技术局

很多研究指出，对于早期的合肥来说，这些“逆天”资源太高端了，而自己的工业实力又太低了，很难吸收、消化这些科技成果，当地的转化率很低。“要么束之高阁，要么远走他乡。”①

我们来看一个数据，2018 年合肥的输出技术合同成交额为 191 亿元，约为成都的 1/5，广州的 1/4。在统计的 16 座城市当中，仅仅排名第十。

表 2–5 2018 年部分城市技术合同成交额

排名	城市	输出技术成交额（亿元）	吸纳技术成交额（亿元）
1	西安	1028	376
2	成都	946	408
3	广州	703	444
4	武汉	702	531
5	深圳	576	922

① 王正忠、徐海涛：《合肥 何肥？后发省会的“崛起之问”》，载于《半月谈》2017 年第 14 期。

续表

排名	城市	输出技术成交额(亿元)	吸纳技术成交额(亿元)
6	南京	400	452
7	长春	332	344
8	沈阳	255	112
9	杭州	207	258
10	合肥	191	165
11	大连	151	72
12	哈尔滨	151	88
13	青岛	145	156
14	济南	130	183
15	宁波	70	92
16	厦门	47	94

数据来源：科学技术部

这个巨大的落差说明，合肥的科学资源，偏向于基础科学而不是应用科学，不是随随便便就能融入产业开花结果的。

首先，实验室里的成果毕竟只是理论上的突破，是否具有广阔的市场应用前景尚未可知，需要有独具慧眼的企业家发现其商业化价值，这种人通常来说都不会是普普通通的小老板，而是能够理解产业发展趋势的聪明人。

其次，想要引进科技成果的企业也要有相应的资金、设备、实验室等硬件条件，这样才能进一步探索大规模量产的工序和模式，把生产成本控制到市场可以接受的范围内。按照上海张江高科前总经理葛培健的话说，是“重大成果转换需要科学家、企业家、投资家三者联动”。

所以，早前合肥虽然科研很强，但是碍于制造业的整体实力，这个优势并没有充分发挥出来，没有转化为巨大的现实生产力去拉动 GDP 增长。

不过，随着合肥不断补上工业基础的短板，实验室里的科研成果也慢慢能够外溢出来，渗透入合肥的实体经济里。

举个例子，有一位中科大教授叫陆轻铀，2015 年他创立合肥中科微力科技有限公司，便是依托“微尺度国家实验室”研发世界上最先进的原子级高分辨成像显微镜。

据《合肥日报》报道，普通的扫描探针只能精确到微米，中科微力的扫描探针却可达到原子级别，成像更细微更精确。而合肥当地正在兴起的半导体产业恰恰需要这种技术，“像集成电路组装，通过我们的探针就可以探测到组装上的缺陷或者灰尘，及时查找到问题”。

近年来，合肥涌出了好些新兴企业，就是依托于上述国家实验室/大科学装置来打开市场前景的。比如中科普瑞昇公司利用“稳态强磁场装置”开发癌症靶向药；中国最大的量子通信设备制造商国盾量子，其技术来源是“微尺度物质科学国家研究中心”；合肥离子医学中心有限公司，则依托于等离子体物理研究所对质子治疗法的研究，为癌症患者带来生的希望……

据不完全统计，目前由中科院合肥物质科学研究院、中科大衍生出来的企业至少上百家，包括科大讯飞、科大国创、科大立安、华米科技、本源量子、国仪量子等。

这里头不乏上市公司、高新技术企业和行业龙头，有力地促进了当地经济增长。最典型的案例就是科大讯飞，借助于这家亚洲最大的智能语音公司，合肥坐实了“中国声谷”的地位。

未来随着合肥产业集群水平的不断崛起，合肥的“科技”跟“产业”将会迸发出更大的融合效应。说不定哪一天就打通了任督二脉，释放体内的“洪荒之力”。

今天，合肥一路赶超的势头远没有停下的迹象，因为它的存在，中国的二线城市格局或将迎来新一轮的大洗牌。

不管过去还是未来，这个搞风投最成功的城市，都注定会是中国区域格局最活跃的搅局者。

宁波：一度失去十年，今天正在起死回生

2020 年 3 月底，当新冠肺炎疫情正在全球蔓延时，一位大人物来到宁波舟山港穿山港区码头视察。举目望去，集装箱密密麻麻，桥吊层层叠叠。

在这样一个历史性拐点上，宁波受到高层关注，是有着深刻的历史背景的。

2019 年，宁波舟山港[①]完成货物吞吐量 11.2 亿吨，连续 11 年位居世界第一，集装箱吞吐量 2753 万标箱，跃居全球第三。

这里，就是全球经济的晴雨表。宁波港的一举一动，对于中国的未来具有风向标的意义。

十年前，宁波就是因为受到美国金融危机所引爆的全球性萧条的影响，外需萎靡，重化工过剩，连绵 20 多公里的临港工业带黯然失色。城市的命运由盛转衰。

而宁波人一直瞧不上的省会杭州，凭借数字经济冉冉升起，成为中国互联网之都。甚至连隔壁的小舟山，也接连获批国家级新区和自贸区，牵动高层视野。

宁波上上下下，弥漫着一股失落感。外界说它陷入了“失去的十年”，学界说“临港工业附加值低，不能再扩大了”，本地人则惊呼“宁波被中央抛弃了”……

不过，有心人会发现，这两年宁波似乎正在全面复苏。

---

① 宁波港与舟山港原本分属不同管理部门，在浙江省委省政府大力推动下，2005 年两个港口开始了一体化发展历程。2005 年 12 月 20 日，宁波舟山港管理委员会成立。2006 年 1 月 1 日，宁波舟山港名称正式启用。据宁波舟山港官网介绍，2016 年 4 月 22 日，宁波港股份有限公司定向增发购买舟山港股份有限公司，同年 9 月 28 日，宁波港股份有限公司更名为宁波舟山港股份有限公司。

不久前公布的数据显示，2019 年宁波常住人口新增 34 万人，仅次于杭州、深圳和广州排名全国第四。这个规模堪称人口大爆发，要知道，2011—2016 年 6 年间，宁波平均每年仅新增 4.4 万人。

表 2–6　2019 年部分城市常住人口增量

排名	城市	新增人口（万人）
1	杭州	55.4
2	深圳	41.2
3	广州	40.1
4	宁波	34
5	佛山	25.2
6	成都	25.1
7	重庆	22.5
8	青岛	10.5
9	合肥	10.2

数据来源：各市统计公报

这座城市到底发生了什么？

撑起长三角经济半边天

绝大多数人没有意识到，长三角不可或缺的两个城市，一个是上海，另一个就是宁波。

没有宁波作为原油、铁矿石、煤炭、液化石油气的仓储中转基地，我们很难想象长三角这台庞大复杂的机器，能够保持多年高速运转而不停滞。

在原油方面，每天有近百条超级油轮靠泊在大榭岛，把海外进口的原油卸下来，再通过全长 666 公里的输油管道，输送到长江下游的上海石化、扬子石化、金陵石化等炼油厂，一年下来可达 2200 多万吨。从这些工厂炼化出来的成品油，成了长三角至关重要的“工业血液”。

在铁矿石方面，中国沿着长江两岸重点城市布局了宝钢、南钢、马钢、武钢诸多钢铁厂。它们所需的铁矿石，有很大一部分要从宁波港装卸倒运。大船转小船，小船转火炉，最后再千锤百炼，成为吉利汽车、特斯拉、江南造船厂身上的一部分，支撑起了“中国制造”的工业脊梁。

如果说上海掌控了长三角工业下游产品的进出口渠道，那么宁波则扼守了长三角工业上游产品的进出口命脉。

对于上海、江苏以及安徽几个省市来说，宁波特别重要。虽然长江出海口高手如云，苏州、南京、杭州、无锡的实力都很强，但它们作为区域性经济中心，只是长三角多个生产节点当中的一个，并非不可替代。

唯有宁波，不可或缺。因为除了舟山之外，长三角其他城市都没有这样的深水良港：港口不冻不淤，周边又有群岛作为天然屏障，年可作业天数达 350 天左右。而且最关键的是，其航道水深在 30 米至 100 米，30 万吨级巨轮可自由进出，40 万吨级以上的巨轮可候潮进出。停泊的巨轮越大，运输成本就会越低，帮助长三角的“中国制造”形成价格优势。

在极其激烈的全球竞争中，后发国家要构建出完整的工业体系，价格优势至关重要，某种程度上甚至比质量更关乎生死。

创新工场董事长兼 CEO 李开复有一句话是这样说的：“中国可能会是最后一个通过制造业摆脱贫困的大国。”背后，其实正是包括宁波港在内的港口体系发挥了巨大的基础性作用。

一方面，它帮助了沿海地区形成产业集群，进而稳扎稳打，一步步完成原始资本积累。另一方面，它平衡了劳动力成本、土地成本、环保成本后期的上升压力，形成综合性成本优势，避免发生大规模的产业转移、实体经济空心化。

在长三角成为世界工厂的历史性进程中，宁波港扮演了非常关键的角色。不仅如此，宁波港的存在，也彻底重塑了所在浙江省的产业生态。

浙江是天然的资源贫瘠省，没有一块油田和煤田。但因为宁波港，宁波得以用最低的成本，在全世界进口原油和煤炭，滋养了两个中国前十的火力发电厂——北仑电厂、宁海电厂，以及亚太十大炼油厂之一的镇海炼化，使得浙江一跃成为我国南方最大的火力发电基地和国内重要的石化基地。这些工厂，为浙江省供应了近 70% 的成品油、10% 以上的全省统调电量，推动浙江的经济蓬勃发展。

一个宁波（舟山）港，撑起了长三角经济的半边天。

对于中国来说，宁波就是长三角的心脏，一个永不停息的起搏器。

中央抛弃了宁波？

宁波能有这样一个地位，其实也是中央亲自布局和谋划的结果。

20 世纪八九十年代，中央甚为“宠溺”宁波。1984 年，它成为中国 14 个沿海开放城市之一。1985 年 10 月，国务院为了宁波这一个地方的经济开发，专门设立了协调小组，这在历史上是绝无仅有的。1987 年，宁波获批计划单列市，率先在经济上实现直辖，换句话说，宁波先于省会杭州成为副省级城市。不仅如此，历史上邓小平还曾就宁波大学、北仑港、宁波机场等事项，先后做了六次指示。①

在中央的厚爱下，央企们纷至沓来，原本冷清的海岸线一下子热闹起来了。像中信集团就包了大榭岛的开发。文史学者、江苏省社科联理事吴跃农指出，这是中国第一个按照国际“自由岛”模式，由国有企业负责开发的国家级开发区。

有些分析认为，宁波之所以能进入中央视野，是因为当时海外有很多“宁波帮”富商，比如实业巨子王宽诚，世界船王包玉刚、董浩云，影视大王邵逸夫……香港的十大富豪中，宁波帮曾一度占有三席。宁波帮力量强大，扶持宁波，有利于激活这些宝贵的资源。

在我看来，这样的解读还不够全面。相比“宁波帮”，“潮汕帮”的人数显然更多，掌控的商业帝国也更庞大，可是汕头很少有宁波这样的礼遇。当年如果不是因为广东这边的特区实际筹办者吴南生是汕头人，汕头

① 参见吴跃农:《中共领导人与“宁波帮”》，载于《钟山风雨》2019 年 6 月 10 日。

甚至进不了经济特区行列。

中央大力开发宁波，主要还是因为这里有世所罕见的深水良港。它位于南北沿海和长江航道的黄金交汇点，又背靠长三角经济圈，只要港口建设跟上，对于中国融入世界产业链条具有全局性的意义。①

宁波确实也不负所望，后来它成功晋升为华东地区最重要的大宗商品转运基地，撑起了长三角经济的半边天。

不过，这座因港而生的城市，其命运之跌宕起伏，也全然寄予一个港口之上。

21 世纪初，宁波风光大好。国内外对于重化工原材料需求很大，宁波乘风而上，GDP 长期“吊打”武汉、成都、南京、长沙，城镇居民人均可支配收入也甩杭州好几条街。

然而，美国次贷危机、欧洲债务危机爆发后，宁波外贸型经济受挫。借着“四万亿”计划喘上一口气，之后在泡沫出清的阶段，就重化工过剩了。

表 2–7　中石化镇海炼化营业收入情况

年份	营业收入（亿元）
2007	733
2008	902
2009	742
2010	1061
2011	1457
2012	1355
2013	1364
2014	1207
2015	944

① 现任杭州市委书记为浙江省委常委，而现任宁波市委书记为浙江省委副书记，宁波的特殊性可见一斑。

续表

年份	营业收入（亿元）
2016	816
2017	1031
2018	1137

数据来源：宁波市企业联合会

表 2–8　中海油大榭石化营业收入情况

年份	营业收入（亿元）
2007	72
2008	92
2009	144
2010	222
2011	276
2012	262
2013	249
2014	228

数据来源：宁波市企业联合会

表 2–7 与表 2–8 显示，宁波排名第一的企业镇海炼化，以及另外一个巨头大榭石化，均是在 2011 年达到营收顶峰，之后就开始下滑。

浮浮沉沉十年间，杭州变成了中国互联网之都，武汉等省会城市也借强省会趋势赶超上来。宁波则原地踏步，始终徘徊在第 13 名上下。

而隔壁的小兄弟舟山，却频频获得中央“大礼包”。2011 年，舟山成为中国第五个国家级新区，2016 年又获批自贸区，而宁波却未能上榜。一时间，当地兴起了“中央抛弃了宁波”的言论。

人口大逆转

宁波是一个生产资料型的城市，而不是消费资料型的城市。这一点，本身就让宁波具有“低调”的属性。叠加上由盛转衰，宁波在全国的存在感越来越弱，以至于 2020 年初宁波公布数据称，其常住人口新增 34 万、跻身全国前四，都没有在舆论中翻起什么浪花。几乎所有人的目光，都集中在了杭州新增人口首超深圳、成为全国第一之上。

其实，近年来宁波的常住人口正迎来史无前例的大爆炸。2011—2016 年 6 年间，宁波常住人口平均每年增加仅 4.4 万人。但 2017 年一下子增加 13 万，2018 年又加码到 19 万多，2019 年更是高达 34 万！

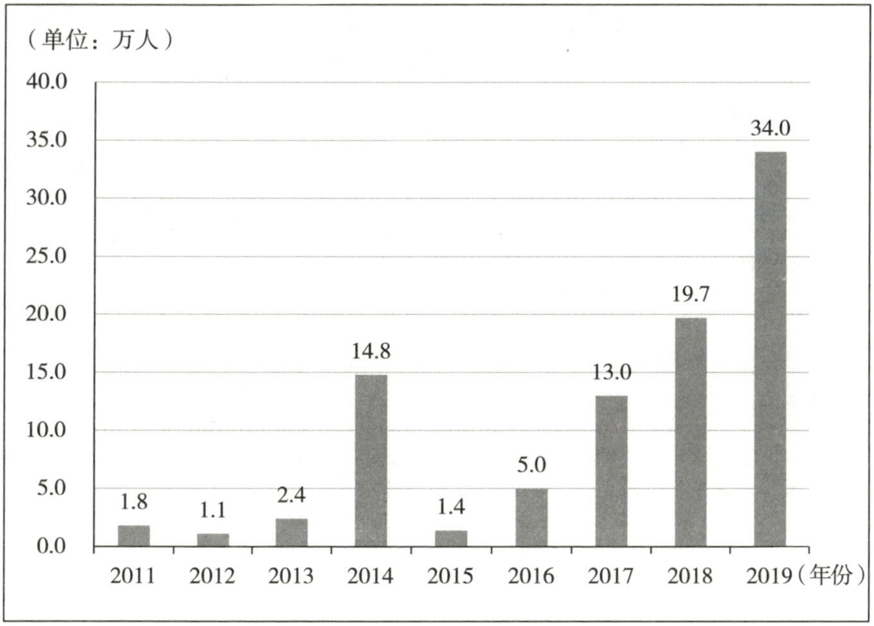

图 2-1　宁波市常住人口增长情况

数据来源：宁波市统计公报

根据宁波市的统计年鉴，过去十年，宁波的人口自然增长数在一万人上下。由此可判定，这每年大几十万的人口增量，基本上都是“吸”过来的，不是生出来的。

那么问题就来了，为什么宁波的人口吸引力会突然变得这么强？

原因还要追溯到 2016 年。当年 8 月，宁波获批成为国内第一个“中国制造 2025”试点示范城市，开始积极转型升级，将新材料、新一代信息技术和高端装备作为战略型产业主攻方向。

如今的宁波，在稀土磁性材料、高端金属合金材料、石墨烯、专用装备、关键基础件、光学电子、集成电路、工业物联网等八大细分行业，表现都颇为亮眼。

比如说集成电路方面。据《经济日报》报道，全球十大芯片代工巨头之一的中芯国际落户宁波，由于宁波是大陆仅有的两个半导体特种化学品进口口岸之一，中芯基于物流和本土加工基础考虑，有意将宁波厂建成大陆最大规模的半导体特种技术研发与制造产业基地。

比如说石墨烯方面。石墨烯是被誉为“黑金”的新材料之王。任正非曾预言，未来 10—20 年内世界一定会爆发一场技术革命，最大的颠覆是石墨烯时代颠覆硅时代。而宁波就是国内石墨烯最早产业化的地区之一，像宁波墨西科技就建成了万吨级石墨烯导电浆料生产线。

今天的宁波，已不仅仅是全国七大石化基地之一、全国四大家电基地之一、全国三大服装产业基地之一，它还是全国七大新材料产业基地之一，全国重要的先进制造业基地。

根据智谷趋势的统计，2018 年宁波高端装备规模以上工业产值 3723 亿元，高于石化工业，排名全市第一。新材料、电子信息完成 2033 亿元和 1706 亿元，分列第三和第四，远超传统的纺织和家电业。

表 2–9　2018 年宁波市规模以上工业产值

行业	总产值（亿元）
高端装备	3723
石化工业	3539
新材料	2033
电子信息	1706
纺织服装	1108
家电行业	934

续表

行业	总产值(亿元)
文体用品	740
环保产业	553
生物医药	102

数据来源：根据公开数据整理

新兴产业的发展，提供了更多高质量就业岗位，帮助宁波虎口夺食，从全国范围内虹吸人才。

港口腹地扩大至1000公里

宁波是一个有抱负的城市。

第一，宁波帮是近代第一大商帮，历史上曾大放异彩。有人就说，上海的崛起和香港的繁华有一半要归功于宁波帮。[①]

第二，宁波是院士之乡，宁波籍两院院士有上百位之多，总数居全国各大城市之首。

这样的历史，宁波人特别骄傲。它足以证明，宁波人不是一个平庸的族群，宁波也不是一个只能依靠中央输血的城市。因此，宁波一直在求变。

最近几年，宁波悄然膨胀。它在内陆的江西、湖北、河南等省份设立15个“无水港”，通过海铁联运等方式，将港口腹地从300公里扩大至800—1000公里。这具有相当深远的影响。

对于宁波来说，腹地的繁荣兴衰至关重要。这里每4人就有1人从事外贸相关的工作，出口依存度为52%，排名全国第7，经济发展跟外贸息息相关。

① 参见郎咸平：《天下宁波帮》，载于《新世纪周刊》2008年第32期。

表 2-10　2018 年城市出口依存度排行

排名	城市	出口额(亿元)	GDP(亿元)	出口依存度
1	东莞	7956	8279	96%
2	苏州	13687	18600	74%
3	厦门	3339	4791	70%
4	深圳	16274	24222	67%
5	珠海	1887	2915	65%
6	惠州	2209	4103	54%
7	宁波	5551	10746	52%
8	中山	1802	3633	50%
9	上海	13667	32680	42%
10	嘉兴	2017	4872	41%
11	江门	1123	2900	39%
12	绍兴	2046	5417	38%
13	佛山	3527	9936	36%
14	无锡	3754	11439	33%
15	青岛	3172	12002	26%
16	郑州	2577	10143	25%
17	杭州	3417	13509	25%
18	广州	5608	22859	25%
19	烟台	1773	7833	23%
20	天津	3207	18810	17%

数据来源：各市统计局

如今，宁波的触角迈出浙东南和江苏，伸到更辽阔的腹地，可以勾连起更多的货物资源，有利于当地港口经济的长远发展。

与此同时，为了改变“酒肉穿肠过”，赚点辛苦装卸费的局面，宁波还试图提高服务附加值，从全球大小宗商品的生产及流转中心蜕变到全球创新资源的配置中心：成立全国第一家专业性航运保险公司东海保险；推出了海上丝路指数，成功登陆波罗的海交易所……

种种迹象显示，宁波正在“起死回生”。这些慢慢装备上的铠甲，让今天的宁波不再是昨天的那个宁波。

不过，在这样一个特殊的历史节点上，一只叫疫情的黑天鹅迎面撞来。全球历史似乎正在轮回重演。

十年前的一幕会不会再次重现，把宁波打回原形？时代提出了一个尖锐的巨大问号。

宁波的答案，其实也预示着长三角经济的下一步走向。作为半个长三角的支点，宁波绝不可以垮。

温州：疯狂围填海，硬生生造出半个沈阳

全中国哪一个城市最充满谜团？

有人说是河西走廊上，那个代号404的城市，它神秘到连名字都没有。也有人说，是有着两千万人口的“帝都”，这里有很多地方都是高墙深院，密不透风。

在我眼里，长三角有一个富甲天下的城市同样像个谜。

明明这里的民间资本超过一万亿元[①]，号称中国最富裕的城市，钱多到炒房都是一栋一栋地买；明明这里走出了两百多万乡民，在海内外各地创办了数以万计的工业企业，呼风唤雨；但是这座城市的人均GDP却是所在省内最落后的，而且经济增速长年倒数第一！

人很富，城市却差点沦为全省最不发达地区。这个如此诡异的地方，叫作温州。

继2011年民间借贷危机爆发后，温州房价腰斩，经济进退维谷。当时几乎所有人都认为，“温州模式”走到了终点。不过，作为“东方犹太人”的老巢，温州怎么会自甘沉沦呢？

这不，当上海忙着推进自贸区（港）试点，深圳忙着赶超香港时，温州正在悄悄憋一个大招：它“丧心病狂”地围填海，抢在国家下达最严“禁围令”之前，硬生生造出了一个海上温州！

这场气吞山河、敢叫天地换日的史诗级工程，绝对是中国数千年建城史上极为大胆的计划。

前无古人，恐怕亦后无来者。凭借这些新造大陆，温州成功上演了一场足以载入史册的绝地大反击。

---

① 早在2010年温州金融机构的人民币存款就达6222亿元，加上现金、流动资产和海外存款据信超过10000亿元。

温州人，再次证明了自己是历史缔造者的身份。

全球都欠温州人一个“宇宙鲁班奖”

在瓯江的出海口上，有一座美丽的霓屿岛，岛内居民以渔业为生。千百年来，它一直孤悬于东海之上。

走南闯北永不安分的温州人，愣是建了一条全国最长的 14.5 公里跨海公路大堤，让它与隔岸相望的灵昆岛牵起手来。

这还不够，温州还通过围涂工程不断地填满中间海域，把灵昆岛、霓屿岛以及后方的洞头主岛连成一体。

如果今天你从高空俯瞰，会发现原先分散的几个小岛屿，已经差不多形成了跟大陆相连的“温州半岛”。那气势，真的有一种“苍茫大地，我主沉浮”的感觉。

据媒体报道，温州滩涂资源丰富，全市理论深度基准面以上的可围滩涂有 86 万亩。所以，你别以为一个半岛工程就能让东方犹太人满足了。

温州人的野心远远不止于此。

在这个“温州半岛”的南边，温州谋划了一个令人瞠目结舌的填海项目——瓯飞工程，总面积达到惊人的 20 万亩，加上远期规划甚至达到了 63 万亩。

2011 年，这个国内单体面积最大的围垦工程正式开工建设，总投资规模预计超过 800 亿元。

历经数年的围垦，今天瓯江与飞云江之间的大陆地形，已发生了翻天覆地的变化，龙湾区就像一把刀一样横出海面。

而且，不单单是市区在扩张，温州下辖的几个县市也在疯狂造地。

乐清市的乐海围垦工程，总面积 9000 亩，现在变成了智能科技产业园和环保产业园。平阳县的西湾围垦工程、墨城围垦工程，面积分别为 2 万多亩和 6800 亩，现在已叫平阳滨海新区、墨城工业园。苍南县的江南海涂围垦工程，面积 4.342 万亩，现在挂上了龙港新城的牌子。

温州近 100 公里的海岸线上，洋洋洒洒布满了十几个围垦工程。有的已投入使用，有的还在日复一日地吹填砂，比如说龙湾二期、飞鳌中期。

虽然 2018 年 7 月，国务院发布了禁围令，除国家重大战略项目外全面停止新增围填海项目审批。温州不少规划就此夭折。

但是据不完全统计，那些经正规审批并围起来的面积，加起来超过 38.73 万亩（258 平方公里），几乎是再造了一个海上温州。

就“建成区面积”而言，则约相当于两个大同、三个莆田、半个沈阳的大小。①

表 2-11　温州围垦项目不完全统计

工程	面积（万亩）
永兴北片围垦	0.7
天城围垦	0.94
状元岙港区围垦（一期）	0.4
北岙后二期围垦	0.43
胜利塘北片围涂	1.01
乐清湾港区一期围海（南区）	0.49
乐清湾港区一期围海（北区）	0.37
小门岛西片围涂	0.17
状元南片围垦	0.51
宋埠—西湾围垦	2.27
浅滩一期围垦	3.05
蒲岐一期围垦	0.91
蒲岐二期围垦	
霓屿布袋岙安置涂围	0.06
乐海围涂	0.91
江南海涂围垦	4.34
海滨围垦	0.99

① 沈阳不含新民市的建成区面积。

续表

工程	面积（万亩）
墨城海涂围垦（北片）	0.69
墨城海涂围垦（南片）	0.55
龙湾二期	3.45
丁山三期西片（北片区）	3.58
丁山三期西片（南片区）	
丁山二期	1.07
飞鳌中期围垦	5.2
瓯飞一期（北片）	6.64
合计	38.73

数据来源：根据公开报道整理

这些极为宝贵的土地资源，在关键时刻“救”了温州。

历史上最危险的时刻

温州人爱炒房天下皆知。之前，温州人靠着民间借贷和杠杆，撑起了一个火热的本土楼市。

2011 年的时候，多个企业老板因为资金链条断裂而开始跑路，引发了严重的民间借贷危机，最终房地产泡沫崩盘，房价腰斩，整座城市哀鸿遍野。

2013 年原本爱生孩子的温州人就开始生不动了，出生人口同比减少 1.12 万人。2014 年温州常住人口规模出现萎缩，从 919.7 万人锐减到 906.8 万人，12.9 万人用脚投票逃离了温州。

那几年，可以说是温州历史上最危险的时刻。

中国经济已换挡进入了增速放缓阶段，几乎所有城市的步伐都慢了下来。对任何地方主政官员来说，未来的日子只会越来越有挑战性。产业升级、环保压力、地方债务……外界普遍以为，温州就要跌入深渊了。

但是，诡异的一幕还是发生了。

2015 年，温州实现经济增速 8.3%，全省排名整整前移了 7 位。此后每年的增速稳居浙江省前 3 名以内。同样是 2015 年，温州人口止跌反弹，进入连续稳定增长阶段。

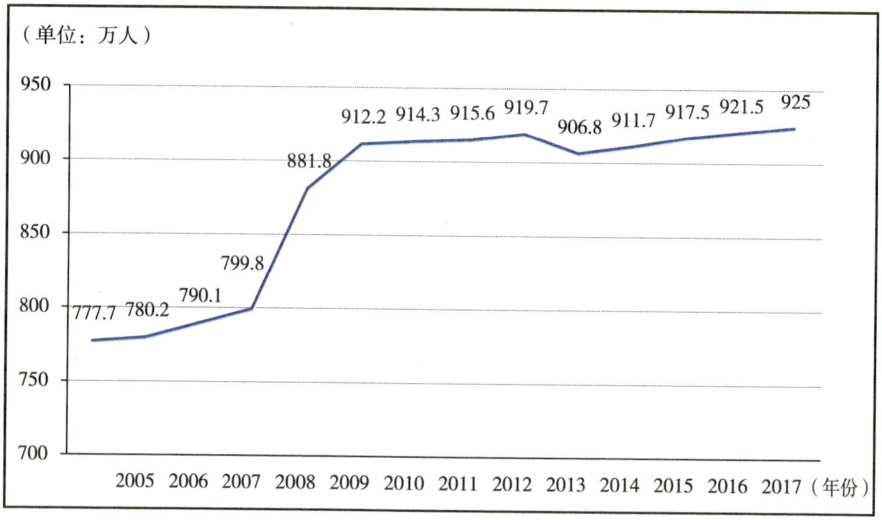

图 2–2　温州市常住人口情况

数据来源：温州市统计公报

换句话说，温州只是短暂衰退了两三年，然后就开始复苏了。为什么奇迹会光顾温州？ 2015 年之后到底发生了什么？

最大的原因，就是关键时刻这些新造大陆逐渐发挥了效应。

十几二十年前，温州就先知先觉，开始了大规模的“向海要地”。不过，这些项目大多集中在 2006 年之后实现海堤合龙，随后再经过吹砂、沉降、验收等程序，延后了几年才正式投入使用。

表 2–12　温州市部分围垦项目进度

工程名称	开工时间	合龙时间
丁山一期围垦	1974 年	1996 年
永兴南片围垦	1997 年	2000 年
状元岙港区围垦(一期)	2004 年	2006 年
永兴北片围垦	2002 年	2007 年
天城围垦	2004 年	2007 年
北岙后二期围垦	2002 年	2007 年
胜利塘北片围涂	2005 年	2008 年
乐清湾港区一期围海(南区)	2007 年	2008 年
丁山二期	2007 年	2009 年
小门岛西片围涂	2007 年	2009 年
状元南片围垦	2005 年	2009 年
宋埠—西湾围垦	2005 年	2009 年
浅滩一期围垦	2006 年	2009 年
蒲岐一期围垦	2001 年	2009 年
蒲岐二期围垦	2001 年	2010 年
霓屿布袋岙安置涂围	2009 年	2010 年
乐海围涂	2005 年	2010 年
江南海涂围垦	2007 年	2010 年
乐清湾港区一期围海(北区)	2010 年	2011 年
海滨围垦	2009 年	2011 年
龙湾二期	2012 年	2014 年
瓯飞一期	2011 年	2017 年

数据来源：根据公开资料整理

这当中有一部分是作为农田，通过占补平衡原则转化为城区建设用地征地指标，缓解市中心用地紧张局面；一部分是建成各类产业园区，用于招商引资。

2015 年前后，正是这些产业项目进入开工 / 投产的高峰期。于是，社会新增了就业岗位，政府收获了GDP和税收，固定资产投资、规模以上工业增加值嗞嗞冒烟。当年填进去的每一把沙，最后都开花结出了真金白银。

来，我们感受一下这些“白衣骑士”的画风。

表 2–13　温州市招商立项不完全统计

工程名称	产业集群 / 项目	招商立项情况	资金（元）	时间
丁山一期围垦	浙南产业集聚区	百威英博啤酒生产项目	总投资：约 20 亿	2015 年落户
		顺丰电商产业园项目	总投资：约 10 亿	2016 年实施
		华廷国际大酒店	总投资：约 6 亿	2015 年动工
		中国电子温州产业园	直接投资：100 亿	2016 年动工
永兴南片围垦	温州民科基地	永兴南园十大工业项目	总投资：23.9 亿	2011 年开工
天城围垦	温州经济技术开发区科技孵化创业中心	浙江沃博森生物科技有限公司	注册资金：1000 万	2017 年入驻
		温州黑蜻蜓无人机科技有限公司	注册资金：2000 万	
		温州睿居智能科技有限公司	注册资金：100 万	
	温州市滨海工业园区	浙江集富阀门有限公司	注册资金：11800 万	2012 年注册
状元岙港区围垦（一期）	温州国际邮轮港项目	意大利歌诗达邮轮公司	注册资金：约 1000 万	2019 投运
北岙后二期围垦	北岙古渔村振兴示范带	温州岩海民宿发展有限公司	注册资金：650 万	2015 年注册
		温州海上民宿发展有限公司	注册资金：500 万	2018 年成立
胜利塘北片围涂	乐清乐成中心城区	中能集团	总投资：约 53.47 亿	2017 年进驻
乐清湾港区一期围海（南区）	乐清湾港区	益海嘉里（温州）粮油食品有限公司	投资：约 10 亿	2017 年签约
		方大控股有限公司	注册资金：12700 万	2017 年引进
乐清湾港区一期围海（北区）		浙江津达电子有限公司	注册资金：3000 万	
		浙江多格电气有限公司	注册资金：1000 万	
宋埠—西湾围垦	平阳滨海新区	浙江森盟包装有限公司	总投资：16 亿	2018 年引进
		温州欧利特机械设备有限公司	总投资：11.78 亿	
		浙江恩利实业股份有限公司	投资：超 1 亿	2017 年引进
		浙江卡瑞奇旅行用品有限公司	投资：超 1 亿	

续表

工程名称	产业集群 / 项目	招商立项情况	资金(元)	时间
浅滩一期围垦	瓯江口新区	威马汽车新能源汽车智能产业园	总投资：67 亿	2016 年 开工
		温州南车灵昆车辆维修基地	投资：超 20 亿	2014 年 开工
		温州新科特种材料有限公司	投资：约 5.8 亿	2014 年 开建
		文博科技产业园	总投资：约 13.7 亿	2019 年 施工
		唯品会中国创新创业中心	总投资：约 16 亿	2018 年 开工
(苍南)江南海涂围垦	龙港新城	华润集团	注册资金：191 亿	2018 年 签约
		北京天佑安康	投资：近 3 亿	
		龙港新城小微园	总投资：20 亿	2018 年 落地
		新材料产业园	总投资：5 亿	
		正大滨海生态农业园	总投资：约 20 亿	
		苍南老中医化妆品集团有限公司	总投资：10 亿	2018 年 落户
		比音勒芬公司	总投资：10 亿	
墨城海涂围垦(北片)	墨城工业园	温州新企梦科技有限公司	注册资金：3860 万	2019 年 成立
墨城海涂围垦(南片)		温州君杰木业有限公司	注册资金：100 万	2016 年 成立
丁山二期围垦	瑞安滨海高新产业园区	华峰新材料产业园	总投资：约 16 亿	2017 年 开工
		瑞立集团瑞安汽车零部件有限公司	投资：25.3 亿	2018 年 开工
		温州瑞明工业股份有限公司	投资：22.6 亿	2018 年 开工

数据来源：根据公开报道整理

2014 年力诺流体科技进园生产，这是全国工业自动化阀门领域三强之一。

2016 年中科光电投产，年产超过 9.6 亿支陶瓷插芯和 3 亿支芯尾纤。这家企业生产的超精度陶瓷插芯产品全球市场位居第二。

2016 年温州新科实现搬迁投产，成为国内贵金属和有色金属超细微粉体材料生产规模最大的企业。

2018 年威马汽车年产 20 万辆新能源汽车的生产线开始运行。

……

这里面，除了本土龙头企业的再投资扩大规模，还有不少是在外温商的回归项目，比如说中国民营企业 500 强华峰集团。

其实，放眼东部沿海，全国也有不少城市在填海造地，但很多是弄了半天，可能还是“熟悉的配方、熟悉的味道”。

比如说汕头，一座跟温州特别像的城市。同样是海洋文明精神，同样拥有“东方犹太人”称号，同样是地少人多。

结果国家级的华侨经济文化合作试验区之东海岸新城（新津片区），吭哧吭哧建设多年后，耸立起了许多商业楼盘。相比之下，温州做的更多是产业导入。这大大推动了温州经济发展和产业升级。

如果没有这些新造大陆作为招商引资的承载空间，很难想象温州能够强有力地复苏。

要知道，温州的地形是“八山一水一分田”，人均耕地面积不足 0.3 亩，土地资源比黄金还要稀缺。

生也土地，死也土地

过去十来年，温州过得很憋屈。

我们拿深圳做个比较。这座城市经常说自己是全国最无地可用的，但对比起温州，深圳的土地可开发空间简直不要高得太多。

根据住建部的统计数据，2002 年深圳的建成区面积是 168 平方公里，温州（含瑞安、乐清）为 153 平方公里，两者处于差不多的水平线。到了 2017 年，深圳达到了原来的 5 倍多 925 平方公里，温州只翻了一番到 300 平方公里。

虽然深圳有 1200 多万人口，必然会要求更大的开发强度，但温州的人口也逼近 1000 万，着实不低。

可见温州不是不想扩张，而是根本就没法扩张。建成区面积不及深圳的 1/3，主要还是受到土地空间束缚。

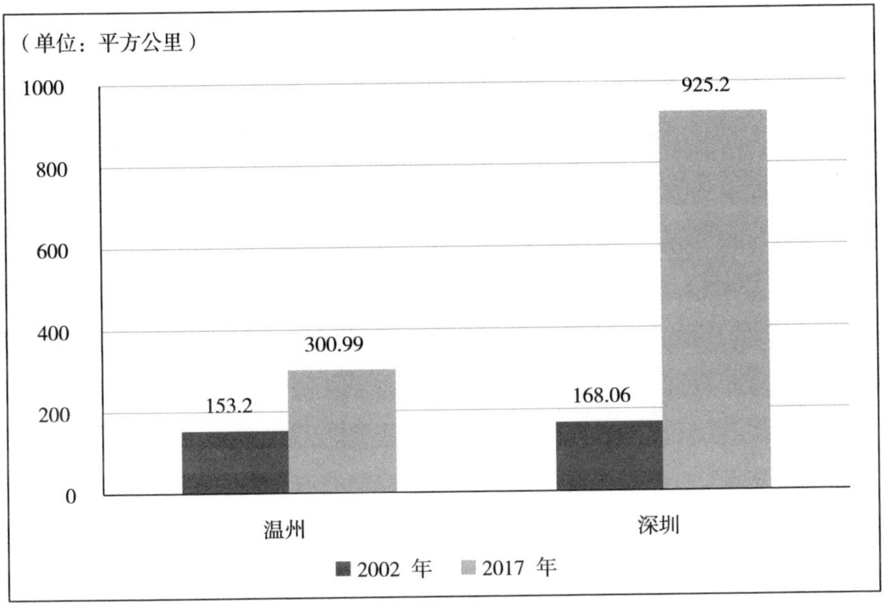

图 2–3 深圳、温州两市建成区面积对比

注：温州数据含瑞安、乐清数据

数据来源：中国城市建设统计年鉴

正是这个土地魔咒，使“温州模式”的神话破灭了。

20 世纪末，在政府的“无为而治”之下，温州的草根民营经济迅猛发展，很快就崛起成为“中国鞋都”“中国电器之都”“中国制笔之都”“中国锁都”，是中国市场化程度最高的地方。

加上还有几十万温州人在海外布局了庞大的商业网络，有上百万温州人在全国各地创办了数万家工业企业。按理说，温州人掌握的资产富可敌国，一定能通过再投资加速本土产业升级吧?

不，你想得太简单了。

由于缺地，温州没办法像宁波那样上马巨型钢铁、炼化项目，一举摆脱轻工业结构进入重化工时代，从而搭上中国“基建狂魔”这辆顺风车高速增长。临港工业需要大片大片的平坦海岸线，而温州要给几百万人提供舒适的生活空间都略微有点吃力，哪来那么大的手笔。

“苏州模式”兴起的时候，温州也只能干巴巴看着。人家的平原面积占比 55%，卖起地来豪气得很，只要外商肯过来投资，土地都能白送。苏州就是靠着引进外资，成功布局起电子信息、光电产业等，一只脚迈入了资本技术密集型经济。

表 2–14　长三角部分城市实际利用外资金额(单位：亿美元)

年份	温州	绍兴	宁波	苏州
2000	0.7	1.2	6.2	28.8
2001	0.6	1.6	8.7	30.2
2002	0.8	3.8	12.5	68.1
2003	1.2	7.4	17.3	50.3
2004	2.1	8.2	21.0	51.2
2005	3.6	9.0	23.1	51.2
2006	4.6	9.7	24.3	61.1
2007	6.2	11.0	25.1	71.7
2008	2.6	7.7	25.4	81.3
2009	2.3	8.1	22.1	82.3
2010	1.8	9.5	23.2	85.4
2011	1.0	8.0	28.1	89.1
2012	4.0	9.5	28.5	91.7
2013	5.0	8.1	32.7	87.0
2014	5.3	6.7	40.3	81.2
2015	3.0	9.4	42.3	70.2
2016	2.4	8.0	45.1	60.0
2017	3.6	12.9	40.3	45.0
2018	5.2	13.5	43.2	45.3
总计	56.1	153.5	509.5	1230.9

数据来源：各市统计局

碍于狭小的天地，温州市根本施展不开。

所以，等到温州人通过发展小商品轻工业，赚得盆满钵满之后，转身一看，全市遍地都是打火机、纽扣、眼镜等传统产业，利润回报率极低，再扎进去就严重产能过剩了。

如果这时候有大型跨国公司的布局，有重化工产业的存在，或许本土的中小民企还可以投资做上下游配套，再一步步谋求转型升级。遗憾的是，没有。

温州人的财富跟温州市的产业之间，出现了一条巨大的断裂带。这条断裂带，让海内外温州人的庞大资本，难以源源不断地回流到实体经济。

然而，钱总是要寻找出路的。在这个历史性时刻，温州人错误地选择了房地产。这里面有两个原因：一个是受历史上永嘉学派的影响，执着于寻找最有确定性、回报最优的产品；一个是长期以来，生存空间狭小一直是温州人千百年来挥之不去的痛，唯有置业不动产才能令人安心踏实。[①]

资本大量涌向房地产之后，造成了两个苦果。

第一，温州的房价一路飙升到全国第一，碾压北京和上海。连带着，这里的地价也令人高攀不起，最终造成了温州的产业结构出现了“代际锁定”。

以2011年为例，温州的工业用地价格高达1767元/平方米，折算下来，一亩要117万元，排名全国第二，仅次于深圳。

表 2–15　2011 年中国工业用地价格排行

排名	行政单元	地价（元/平方米）
1	深圳	1954
2	温州	1767
3	北京	1520
4	上海	1437
5	南京	1058
6	宁波	979

① 参见胡宏伟：《温州炒房团》，浙江人民出版社 2004 年版。

续表

排名	行政单元	地价（元 / 平方米）
7	厦门	816
8	青岛	775
9	天津	768
10	汕头	763
11	武汉	761
12	兰州	743
13	无锡	714
14	长沙	696
15	东莞	685
16	济南	678
17	成都	676
18	石家庄	669
19	大连	668
20	郑州	660
21	西安	650
22	太原	643
23	沈阳	626
24	昆明	618
25	苏州	616
26	邯郸	609
27	佛山顺德	591
28	南通	578
29	重庆	572
30	泉州	571

数据来源：中国地价信息服务平台

对于动辄上百亩用地的流水线自动化工厂，这样的天价根本无法承受。不仅在外温商更不愿意回归了，而且本土企业在发展成巨头、需要扩大工厂时，也只能逃到更便宜的地方去。

于是，温州的产业结构常年停留在低、小、散的劳动密集型产业，饱受人民币汇率变动、反倾销之苦。[①]

第二，经过多年的努力奋斗，温州终于成功地将自己建设成为富庶浙江的最落后地区。

由于实体经济缺乏民间财富的大力输血，GDP 难以快速扩张。早在 2005 年，“温州模式”就结束了黄金时代。从那年开始，温州的经济增速长期徘徊于全省倒数第一、二名。

与此同时，过去很长一段时间里，温州人又特别爱生娃，富人罚着生，穷人偷着生，天王老子也拦不住温州人的生育意愿。

一边是停滞不前的分子，一边是迅速膨胀的分母，温州的人均 GDP 就变得惨不忍睹了，长年在浙江省 11 个城市当中垫底。有些年份的人均 GDP 甚至还低于全国平均线。

表 2-16　温州市人均 GDP 省内排名

年份	排名
2005	9
2006	9
2007	9
2008	9
2009	9
2010	9
2011	11
2012	11
2013	11
2014	11
2015	11
2016	11

① 参见傅白水:《温州经济怯步》，载于《企业家天地》2004 年 2 月 15 日。

续表

年份	排名
2017	10
2018	10
2019 上半年	10

数据来源：根据各市统计数据计算

2012 年 2 月，时任浙江省副省长、温州市委书记曾在世界温商大会上自嘲：“盛名之下，其实难副。现在，温州已经成了相对欠发达地区。按照这样的发展形势，用不了多久，温州将成为全省最不发达地区。”

重回大国叙事的主视角

其实，中国 GDP 排名前十的城市，基本都处于一马平川的平原。[①] 这绝对不是简单的巧合。

温州的故事，从一定程度上也能够解释，为什么长三角跟珠三角之间会出现一条上千公里的“塌陷带”，没有涌现出一个超级城市或者特大城市。因为这里是连绵不绝的丘陵地带，土地空间天然狭小，包括福州、厦门、汕头在内的几乎所有城市，都面临着跟温州同样的困境。

而长三角和珠三角，恰好就是这条丘陵地带上仅有的大平原，自然更能发展得好。

曾经，无地的天花板，让无敌的温州人品尝到了自废武功的滋味。幸运的是，温州人最后还是通过围海造地，让整座城市格局焕然一新。

现在，那些被叫停的工程还在等待政策窗口，那些仍在吹砂填埋的海域则等待未来有一天能够揭开面纱，那些已形成的新大陆则期待着招来更多项目，盖上更多的工厂和楼宇。

当你觉得温州人已经从大国叙事的主视角中消失的时候，他们又凭借

① 重庆是一个非常特殊的案例。它其实是多个城市的组合，相当于一个“省”了。只算主城九区 GDP 的话，小重庆进不了前十。

着“只有温州人想不到，没有温州人干不到”的精神，重新杀回了主战场，成为这些年中国陆域面积不断膨胀的最大功臣之一。

温州从瓯江时代跨向东海时代的趋势，越来越明显了。这座城市，完美地阐释了何为“生也土地，死也土地”。

南通：人口净流出多年，经济何以突飞猛进？①

作为上海的“北大门”，很多人看不懂南通。

这是全中国最“老”的城市。早在2016年，南通60岁以上户籍人口占比约30%，65岁以上常住人口占比为19.2%，排名全国第一。

这是一个人口几乎停止增长的城市。2010—2018年，南通的常住人口仅仅增加了3万人，平均一年不到4000人。同样的时间里，与南通经济体量相当的几个城市表现得都不错：泉州增加56万，东莞17万，济南64万，合肥63万，烟台15万。

这是中国GDP前25名的城市里，唯一一个人口净流出的城市，每年的净流出人数都在30万人上下。

表2–17 中国GDP前25名城市人口情况

排名	地区	2019年GDP（亿元）	2018年末常住人口（万）	2018年末户籍人口（万）	人口净流入（万）
1	上海	38155	2424	1448	976
2	北京	35371	2154	1376	778
3	深圳	26927	1303	455	848
4	广州	23629	1490	928	563
5	重庆	23605	875	687	188
6	苏州	19300	1072	704	369
7	成都	17013	1633	1476	157
8	武汉	16223	1108	884	224
9	杭州	15373	981	774	207
10	天津	14104	1560	1082	478

① 香港科技大学巫珩参与了本文撰写工作。

续表

排名	地区	2019 年 GDP（亿元）	2018 年末常住人口（万）	2018 年末户籍人口（万）	人口净流入（万）
11	南京	14030	844	697	147
12	宁波	11985	820	603	217
13	无锡	11852	657	497	160
14	青岛	11741	939	818	122
15	郑州	11590	1014	787	227
16	长沙	11574	815	729	87
17	佛山	10751	791	437	354
18	泉州	9947	870	755	115
19	东莞	9483	839	232	608
20	济南	9443	746	656	90
21	合肥	9409	809	758	51
22	福州	9392	774	703	71
23	南通	9383	731	763	–32
24	西安	9321	1000	987	14
25	烟台	7653	712	654	58

数据来源：各城市统计年鉴

在我们的认知中，一个停止增长、人口外流而且老龄化严重的城市，它的发展前景肯定是不太乐观的。

但南通却不按常理出牌，在这种人口结构存在巨大缺陷的情况下，它还是交出漂亮的经济成绩单。十年来，它的 GDP 一直在突飞猛进，眼看着就要跨入万亿俱乐部了！

而且，这还是建立在它的劳动力人口逐年递减的基础之上的。2013 年南通劳动年龄人口是 524 万人，到了 2017 年反而变成了 503 万人，减少了 21 万人。

真是一座神奇的城市，南通凭什么能够违背自然规律?

预计到 2030 年，一半人口是老人

南通人口几乎停滞的第一个原因，是人口自然增长率过低。

中华人民共和国成立初期，南通的人口基数很大，1953 年第一次人口普查时南通人口总数就达 507.32 万人，居江苏省首位。人口密度每平方公里 634 人，比全省平均水平多 267 人。[①] 因为地少人多，南通在 20 世纪 70 年代就开始十分坚决地执行计划生育政策。

南京大学社会学院教授陈友华指出，20 世纪 70 年代中期南通市妇女的生育率就降低到了更替水平，比全国早了近 20 年的时间。

由于人口控制效果显著，南通还曾被评为“计划生育模范市”。如东县就在县城通往城区的国道上，竖起国务院授予的“全国计生红旗单位”的宣传牌；几年前因国家放开生育政策，才主动撤下这块牌子。

多年来，严格的计划生育理念在一代又一代人心中扎根，加上子女培养成本水涨船高，久而久之，当地人形成了“只生一个好”的默契。

虽然 2013 年起全国逐步放开二孩政策，但这对南通出生率的刺激作用微乎其微。2002—2018 年，南通的人口自然增长率，连续 17 年保持负增长的纪录。

表 2–18　南通市自然人口增长情况

年份	自然人口增长(人)
2002	–1660
2003	–11477
2004	–7946
2005	–8354
2006	–6257
2007	–12941
2008	–12238

① 参见《全国文明城市简介之南通》，载于中国台湾网 2009 年 2 月 24 日。

续表

年份	自然人口增长(人)
2009	–11516
2010	–6753
2011	–7199
2012	–11061
2013	–7112
2014	–4272
2015	–10587
2016	–643
2017	–20133
2018	–17045

数据来源：南通市统计年鉴

南通人口几乎停滞的第二个原因，是人口机械增长率过低。

自 1991 年以来，南通人口流动的基本格局呈现流出大于流进的状态，大量年轻型、高素质人口外流严重。每年的净流出人数都在 30 万上下。

表 2–19　2010—2019 年南通市净流出人口

年份	净流出人口(万人)
2010	34.74
2011	35.97
2012	35.47
2013	36.74
2014	37.83
2015	36.77
2016	36.46
2017	33.97
2018	31.52
2019	28.02

数据来源：南通市统计局

流出人口实在是太多了，流入人口只能够勉强填满这个坑。因此，想要让人口总盘子爆发式膨胀是很难的。

现在，南通常住人口规模的增加，主要依赖于当初跑出去的人又回来。数据显示，2018 年南通全市净流出 31.52 万人，相比 2014 年的 37.83 万人减少了 6.31 万人。南通统计局指出，“外出人员回流是我市人口净流出规模继续缩小的主要原因”。

由于人口自然增长率和机械增长率都比较低，南通人渐渐老去，却没有太多新鲜血液补充进来，整个社会越来越老。

早在 20 世纪 80 年代初，南通就步入了人口老龄化社会，比全国早了 17 年，至今还在加速滑向超老龄化社会。

2016 年，南通发布的《“十三五”就业及社会保障体系规划》提前敲响警钟：“预计南通老龄人口高峰将出现在 2030 年，届时全市 60 岁以上老人将是现在的 2 倍，接近总人口的一半。”

每两个人，就有一个是老人！

上海的经济飞地

一般而言，一个城市如果人口外流而且老龄化严重，一定会对该区域的产业结构升级和经济发展速度产生消极影响。但神奇的是，南通的经济竟然还能逆势增长。

这到底是为什么呢？原因当然非常复杂。

第一个原因，南通的区位优势特别好，可以说是含着金汤匙出生的“宝藏男孩”。

长江经济带只有两个城市濒江临海，一个是上海，另一个就是南通。20 世纪 80 年代，它曾经与苏州、无锡、常州并称“江苏四小虎”。然而，受制于“有江无桥”“有海无港”的交通瓶颈，它与苏南地区的差距越来越大，渐渐从江苏第一方阵掉队。于是，南通最大的战略重点，就是先打破交通瓶颈，以此融入苏南，接轨上海，打造沪苏通金三角。

“有海无港”，地方政府没钱投入，那就首创利用外来资金建大海港的模式。2003 年，香港保华德祥集团投入巨资开发洋口港。随后，江苏 LNG 项目、新加坡金鹰集团、华能国际等项目纷纷入驻。南通港、通州湾、吕四港区的开发建设也逐步完善。[①] 今天，南通港已成为上海国际航运中心北翼组合强港，货物吞吐量位列全国第 14 名。

“有江无桥”，那就多跑几次北京，把跨江大桥申请下来。从 2008 年到 2011 年，苏通大桥、崇启大桥陆续通车，终于圆了南通人的百年梦。南通从此不再“难通”。

随着区域条件的改善，越来越多的外部资金看中南通，跑来寻求合作，南通开始大规模承接上海和苏南地区的产业转移。

据《新华日报》报道，截至 2017 年，南通与上海合作的产业园区有 7 个，与苏南合作的 4 个，与其他国家地区合作的 3 个。按照当地官员的说法，“这些园区把上海和苏南的成功经验、优势资源、先进理念、优质项目等带到了南通，成为南通新的经济增长极”。

南通市发改委数据显示，南通有 30% 的高层次人才、40% 的创投风投机构从上海引进，50% 的企业与上海有合作，60% 的货物通过上海口岸进出，70% 的农副产品供应上海。[②] 每年引进上海或通过上海引进的亿元以上工业项目约 60 个，实际投资额 200 亿元以上……

毫无疑问，南通已成江苏接轨上海的重要桥头堡，变成了上海的经济飞地。

现如今，上海定位发展“全球科创中心”，而南通拥有高端纺织、船舶海工、电子信息三大重点支柱产业，以及智能装备、新材料、新能源和新能源汽车三大重点新兴产业。南通的工业基础发展良好，能够更好地承接上海非全球城市核心功能的疏解。

---

① 参见包永辉：《黑马南通》，浙江人民出版社 2012 年版，第 97 页。

② 参见殷梦昊：《上海“北大门”建设取得实质性进展》，载于上观新闻 2018 年 4 月 26 日。

第二个原因，南通本土的民营企业发展活跃。

民营经济也是南通发展的中流砥柱。2003 年南通就提出了“争创江苏民营经济第一大市”的目标。

截至 2019 年，南通民营经济创造了全市 68% 的地区生产总值，75% 的税收，吸纳超过 90% 的城镇就业人口，发展水平跻身全省第一方阵。

在这种氛围下，诸多本土企业杀出重围成为行业龙头。中国光电线缆领域的龙头中天科技，集成电路封测行业全球第一阵营的通富微电，中国首屈一指的特种玻璃和高端玻璃产品供应商铁锚玻璃，占据国内 80% 以上的核电用无缝钢管市场份额的中兴能源……这些企业，都是在南通本地发展起来的。

第三，南通大力引进外资，借用国际资本“撑竿跳”。

从 2003 年开始，南通开始在吸引外资方面“学南京、找差距、论跨越”。最后，南通交出了满意的答卷：实际外资利用从 2002 年的全省第 8 位，跃升到 2007 年的全省第 2 位，当年跻身全国城市实际到账外资前十名。[①]

我们来看一组数据，在 GDP 万亿俱乐部的准成员当中，南通 2008—2018 年实际利用外资总量达到 260 亿美元，仅次于世界工厂东莞，超过了西安、合肥、济南、福州等省会城市。

表 2–20　准万亿 GDP 城市实际利用外资情况（单位：亿美元）

年份	东莞	南通	西安	合肥	泉州	济南	福州
2008	32	29	12	12	17	10	10
2009	29	20	6	13	17	10	10
2010	32	21	12	14	15	10	12
2011	32	22	12	18	16	11	13
2012	37	22	36	17	13	12	13
2013	40	23	25	19	14	13	14

① 参见包永辉：《黑马南通》，浙江人民出版社 2012 年版，第 123 页。

续表

年份	东莞	南通	西安	合肥	泉州	济南	福州
2014	46	23	26	22	15	14	15
2015	55	23	19	25	16	16	17
2016	40	24	10	28	16	17	18
2017	18	24	46	30	15	19	20
2018	13	29	48	32	42	27	8
总计	374	260	252	230	196	159	150

数据来源：各市统计年鉴

南通市政府办公室数据显示，2019 年上半年，南通实际使用外资同比增长 8.6%，分别高于全国、全省 5.1、8.4 个百分点，使用外资总量位居全省第 4 位。

通过承接国内外资本和产业梯度转移，南通重回江苏第一方阵，GDP 总量逼近万亿元。长江巨龙的另一只眼睛，终于睁开了。

建筑之乡

可能有的人会迷糊了，既然南通经济发展还不错，正常来说是会虹吸劳动力的啊，怎么现实中劳动力人口反而逐年递减？

最主要的原因在于，南通所处的长三角诱惑实在太多了。从地理位置上看，南通人有很多个工作地点选择。往南是全国第一大城市上海、工业重镇苏州、网红城市杭州，往西是素有“中国工业摇篮”之称的南京……

2018 年南京市城镇非私营单位就业人员平均工资就超过 10 万元，无锡、常州和苏州均超过 9 万元，而南通却不到 8 万元。在南通人眼里，在长三角有太多可以“安放肉体与灵魂”的好去处了。因此，南通的地理位置，对于它来说既是优势，也是风险。

另外，南通的产业结构也不太利于吸引人口。

在服务业方面，近年来第三产业已成为吸纳就业人口的“主力军”。一个城市的服务业越发达，就越能提供更多中高端的白领岗位，吸引人才涌入。

反观南通，无论是与之经济体量相当的其他省城市，还是放在江苏省内来看，南通第三产业的比重都明显偏低。

表 2-21 准万亿 GDP 城市 2018 年三大产业比例

城市	第一产业	第二产业	第三产业
西安	3.1%	35.0%	61.9%
济南	3.5%	36.0%	60.5%
福州	6.0%	41.2%	52.8%
东莞	0.3%	48.6%	51.1%
合肥	3.5%	46.2%	50.3%
南通	4.7%	46.9%	48.4%
泉州	0.6%	57.9%	41.5%

数据来源：2018 年各城市统计公报

表 2-22 江苏省内城市 2018 年三大产业比例

城市	第一产业	第二产业	第三产业
南京	2.1%	36.9%	61.0%
常州	2.2%	46.3%	51.5%
无锡	1.1%	47.8%	51.1%
苏州	1.2%	48.0%	50.8%
徐州	9.4%	41.6%	49.0%
南通	4.7%	46.9%	48.4%
扬州	5.0%	48.0%	47.0%

数据来源：2018 年各城市统计公报

而且，南通还是近十年来长三角主要城市当中，唯一一个第三产业从业人口出现了负增长的城市。

表 2–23　长三角各城市第三产业从业人口变化情况（单位：万人）

城市	2009 年	2018 年	增数
上海	592.9	807.6	214.7
杭州	225.3	388.2	162.9
合肥	122.2	282.9	160.7
宁波	163.1	254.05	90.95
苏州	178.2	264.8	86.6
南京	193.1	273.8	80.7
徐州	159.1	193	33.9
常州	86.3	115.4	29.1
无锡	131.9	158.8	26.9
南通	168.6	159.7	–8.9

数据来源：《21 世纪经济报道》

2018 年，南通的三产比例为 4.7 ∶ 46.9 ∶ 48.4，到了 2019 年反而变成了 4.2 ∶ 49 ∶ 46.8，第三产业的比重下滑，甚至还低于第二产业。服务业的萎缩进一步影响了人口增速。

在制造业方面，南通是历史悠久的“建筑之乡”，建筑业从业人员达到了 180 万人，建筑企业超过 2000 家。当然了，本土的建筑市场是容纳不了那么多就业人口的，绝大多数建筑企业想要做强做大，都必须进军全国乃至海外市场。

南通市统计局称，全市有二三十万建筑大军常年在外流动作战，铸就了南通建筑业的产业优势。据统计，上海每 100 座超高建筑中，就有 15 座由“南通铁军”打造，迄今南通铁军已打造了上海 298 座超高建筑。

建筑行业带动了大量年轻人口的外出，而且建筑行业的工作周期经常超过 6 个月，使得南通的劳动人口锐减。根据南通市统计局的调查分析，南通流出人口所从事的第一大行业为建筑业，占比高达 43.3%。[①]

一句话，特殊的产业结构，造成了南通今天尴尬的人口净流出局面。

① 参见《南通市人口流动现状分析》，载于南通市统计局官网 2020 年 3 月 6 日。

不过，这些都不是最可怕的。南通面临的最大难题，是本土高端人才的流失。这里的教育实力很强，打遍天下罕有敌手。2018 年，南通高考本一录取率超过 53%，本科录取率超过 92%，堪称教育之乡。

但是当地也流传着这样一句话："高考出去一火车，毕业回来一卡车。"每年考出去的学生，返通就业的只有 40% 左右，985、211 院校毕业生返通就业的更是不足 1%。教育再强，也只是为别人做嫁衣。你说南通能不急吗？

2019 年 10 月，南通正式加入城市抢人大战。全日制普通高校大专及以上学历的人才"零门槛"落户；首次在南通就业的本科生，只要社保缴纳超过 6 个月，就能每个月领到 1000 元的综合补贴；对来南通创业的领军人才，最高给予 150 万元的一次性购房补贴……地方政府拿出真金白银来招揽人才。

这两年，南通"喜提"上海第三机场，沪通长江大桥开通在即，沪通铁路、盐通铁路、北沿江高铁等项目也在热火朝天地建设中。这些无不奠定了南通在长三角一体化中的重要战略地位。

《扬子晚报》报道，2018 年南通定下了一个小目标：到 2020 年，GDP 跻身全国万亿俱乐部城市行列，再经过 5 年左右努力，经济总量位居全国大中城市 15 强，基本达到 I 型大城市标准，成为名副其实的长三角北翼经济中心和上海"北大门"。

敢于做梦是南通一贯的风格。而这一回，恐怕不是那么容易就能实现。

镇江：全江苏省负债第一，何以走到今天这一步？

作为长江与京杭大运河的交汇枢纽，镇江的名字听起来相当霸气，颇有长江锁钥之意。

它身处富到流油的“包邮区”，方圆两百公里之内，涵盖中国最有前途的都市上海、杭州、南京、苏州、无锡、常州等。但镇江却是江南最弱的“穷邻居”，负债率位列江苏省全省第一。

2019 年 7 月 24 日，镇江市自然资源和规划局在官网上挂出公告称，近期将拿出 6 幅土地进行招拍挂，其中有 2 幅是“体育场馆用地”，地块竞买人竞得土地后须收购地上建筑物。

好家伙，这不是体育场和会展馆吗？别以为“体育场馆”听上去不怎么样，它可是该市的地标性建筑，由北京“鸟巢”的副总设计师亲自操刀设计，其气势飘逸，工程耗资高达 23 亿元之巨。

这张城市名片距离镇江市政府仅 1 公里，有三个主体建筑，分别为体育场、会展馆、训练馆，总占地面积约 690 亩，2013 年投入使用，至公告发布时不过 6 年。

外界惊呼：镇江挥泪大甩卖，准备卖体育馆还债了。镇江市自然资源和规划局随后出面解释：“本次挂地只是为了完善项目相关手续，并非出售或出卖体育场馆等项目。”

尽管官方已经辟谣，但仍未能彻底消除大家的质疑声。因为一个“命运工程”，这座城市被推向了风口浪尖。

镇江何以会走到今天这一步？

有息负债近 4000 亿

民间流传，中国有四大高债务风险地区，镇江居首。

镇江的“江湖地位”有多高？江苏省的城投债余额长期位居全国第一，已经是中国地方政府负债最高的省份，而镇江可能是江苏省中最厉害的那一个。

镇江官方在多个公开场合说，要采取严控政府投资、盘活闲置资产、加强省市国企合作、压缩一般性支出等措施，降低债务规模，坚决守住不发生系统性风险的底线。

江苏省财政厅的数据显示，2018 年末镇江政府债务余额为 702 亿元，其中一般债余额 241 亿元，专项债余额 461 亿元，债务限额 732 亿元，余额尚在限额之内。

不过，这些债务只是纳入政府财政预算、地方政府负有偿还责任的“显性”债务。而镇江的“隐形”债务，也就是地方政府负有担保责任、救助责任的债务，外界很难全部摸清。

2019 年 1 月 18 日，在 2018 年度江苏省全面从严治党主体责任述职会上，江苏省委书记娄勤俭点名镇江说：“镇江市在重点领域监管方面存在薄弱环节，政府隐性债务风险突出……”

国盛证券统计，2017 年镇江市的有息债务为 3934 亿元，经调整后债务率高达 1383%，居江苏省所有地级市之首位。

2019 年 3 月中信明明债券研究团队发布报告称，截至当时镇江发债城投平台有息负债规模合计为 2577 亿元；考虑到部分城投公司尚无发债记录，因此可乘上经验比例 1.5 倍来估计全市规模，约为 3866 亿元，每年利息支出大概是 246 亿元。这个数字，能占到镇江全市一般公共预算收入的 81%。①

---

① 参见杨仕省：《镇江巨额债务化解获财政部首肯：由国开行对债务置换》，载于《华夏时报》2019 年 4 月 18 日。

成也大都市圈，败也大都市圈

在中国的区域发展“锦标赛”中，地方一直很热衷于举债发展。

一是大拆大建的“造城运动”很容易出政绩，而自己任期又有限，三五年后调走了，账都是下一任的。

二是中国的制度环境决定了，政府天然享有极高权威，地方官员觉得到最后，中央总会伸出援手来的。

所以，地方上打起欠条来，就算是几个亿的大手笔，手也不会抖。

这个逻辑在所有地方都是通用的。而镇江这个地方，也有自己的特殊性。

镇江之所以债务甚高，有一个很大的原因就是它身处中国最繁华的长三角都市圈。这既是一个城市起飞的最大助力，也可能是让一个城市堕落的最隐蔽的陷阱。

历史上，镇江在民国时期曾是江苏省的省会，做了二十多年的“老大”。西津渡文史办主任张峥嵘指出，1930年上海人口130万，南京65万，而镇江人口有60万。镇江是名副其实的大城市。

但是改革开放之后，上海重回“远东明珠”，苏锡常凭借上海辐射以及外资涌入强势崛起，南京依靠政治级别和故都的地位稳定发展。

在广义上的苏南地区，唯独镇江的区位优势并不明显，在激烈的区域竞争中渐渐衰败。就连苏北的徐州、扬州、盐城、泰州都从经济上赶超了镇江。以至于这座最没有存在感的城市，常常传出要被南京吞并。

如果镇江身处安徽、湖南或者是江西等省份，以它4050亿元的经济体量，绝对可以当个老二，舒舒服服做个省内“发达城市”。

不幸的是，它身处中国最富裕的长三角，周边强敌太多。南京有江苏扶着，拿到全省资源。苏锡常有上海罩着，优先接受后者的产业转移。镇江招商引资优势弱，只好“另辟蹊径”。

凭借得天独厚的港口条件，镇江沿着长江布局了电力、冶金、化工、造船、造纸、建材等临水重工业。2016年镇江市轻重工业比约为2 ∶ 8，重工业占比全省最高。这种畸形的产业结构拖住了镇江的发展步伐。镇江统计局数据显示，2016 年镇江规模工业中六大高耗能行业共消费 1158.01 万吨标准煤，占全部规模工业能源消费量的 81.4%，却只贡献了 38% 的工业增加值。

而在轻工业方面，镇江企业生产的产品多以中间环节的零部件和材料为主，生产终端产品较少。举个例子，镇江近来大力发展航空航天产业，全市有 11 家企业为上海 C919 国产大飞机生产配套，但主要是航空复合材料、内饰件和储备工具，属于高端产品的低端部分。①

翻译成大白话，日渐强盛的长三角，是镇江重工业和轻工业赖以为生的经济空间。有长三角这个极为旺盛的消费市场，镇江绝对饿不死。但是整体而言，镇江是在给长三角的其他大城市打工和输血。即便是在城市群内形成了产业集群，也位于价值链条的最底端。

在这种情况下，镇江焉能不急？焉能不多借点钱来追赶苏锡常？焉能不把自己搞得债务缠身？

所以，镇江是成也大都市圈，败也大都市圈。

软着陆的关键

为了守住不发生系统性风险的底线，镇江想到了很绝的一招。

2018 年 11 月镇江市主动提出，要申请作为地方隐性债务化解的试点城市。很快，化解方案经江苏省政府批准后报至国开行江苏分行，并按程序向上汇报，最后得到了财政部的认可。

《华夏时报》记者了解到，这个所谓的方案，是由国开行针对镇江投入到公益项目的隐性债务，提供长期低息贷款进行置换，持续两年，每年置换 200 亿元。首批资金 2019 年 3 月底到位。“过去依靠借新还旧可以实

① 参见李强、胥畅：《镇江工业经济发展补短板情况分析》，载于《统计科学与实践》2018 年第 6 期。

现债务滚动，但如今债务增长太快，以至于利息的覆盖都得通过新增债务的本金来偿还。”

当然，化解债务是不可能全部依赖上级纾困的。镇江自己也要拿出点诚意来。

据易居研究院发布的《2019年4月50城土地库存报告》，镇江的土地储备去化周期为39个月。该市储备的土地足够卖3年了。

说到底啊，最后可能还是“房地产救城”。恭喜房地产再次斩获“夜壶奖”。

记得上回“包邮区”出现如此窘迫的画风，还是20世纪90年代的时候。当时计划经济向市场经济转轨，大量国企效率低下，濒临倒闭，政府不得不搞私有化出让国企股份，盘活经济。

此后，长三角蒸蒸日上，财大气粗，彻底告别苦日子。谁知二十多年后，风水又开始轮流转。

有人曾指出，国务院批准的《长江三角洲城市群发展规划》中，江苏省有9个城市入选，南京被定义为特大城市，苏州为大城市，锡通常盐扬泰六市为II型大城市，唯有镇江被盖棺定论，定义为中等城市。

不过幸运的是，目前长三角一体化已经上升为国家战略，镇江完全有机会借助政策利好突破自我。

一是上海加快疏解非全球城市核心功能，镇江作为长三角的房价洼地，可以利用较低的要素成本抓住这一风口。

二是江苏正在打造强省会，突出南京首位度。作为宁镇扬都市圈的重要成员，南京的强大，最后都有机会反哺到镇江身上。

镇江能不能安全软着陆，关键还是要看它自己。

杭州：全国最折腾的城市 ①

杭州急了。

2019 年 9 月，杭州隆重召开“新制造业计划”动员大会，提出要带动数字经济和制造业“两个引擎一起转”。

会上不仅明确将在用地、金融、人才、用能等方面全力给予制造企业政策与资金支持，还首创“政府事务代表”制度：在充分尊重企业意愿的基础上，将向第一批 100 家重点企业派驻 100 名机关干部作为政府事务代表。杭州的巨头吉利控股、娃哈哈等成为首批派驻对象。

这是继 2001 年“工业兴市”战略之后，杭州再次下定决心发展工业。

过去，杭州曾在建设工业名城还是发展文化名城之间左右摇摆，后来又在制造业和数字经济之间，“抛弃”了工业，将发展重心转向后者。

虽然日后拿下了“全国数字经济第一城”的桂冠，工业发展却落了下风，直接导致了杭州的生产总值被成都、武汉赶超。

再这样下去，杭州甚至有可能会被南京甩在身后。眼下“危机四伏”，这座全国最折腾的城市，焉能不急？

厚此薄彼

与数字经济的狂飙突进不同，杭州的制造业呈现出一幅“万马齐喑”的景象。不管是纵向对比，还是横向比较，杭州当下的工业可谓是嗷嗷待哺。

一是工业投资力度不足。投资作为拉动工业经济增长的重要条件，各个城市都加足了马力，唯独杭州熄火。2013 年，杭州的工业投资尚有 910

---

① 香港科技大学巫珩参与了本文撰写。

亿元，至2017年减少到861亿元，不及其他省会城市南京、武汉的一半。就算是与省内其他小兄弟相比，也是大为落后。

2013—2018年六年间，杭州工业投资总共为5263亿元，分别比宁波、绍兴和嘉兴少2740亿元、1972亿元和1012亿元。

表 2-24　部分城市工业投资额（单位：亿元）

年份	杭州	南京	武汉	嘉兴	宁波	绍兴
2013	910	2509	2258	893	1062	1000
2014	913	2152	2606	1001	1263	1106
2015	930	2072	2769	1118	1500	1252
2016	884	1762	2117	1225	1470	1301
2017	861	1779	2405	1341	1356	1332
2018	764	/	/	697	1352	1245

数据来源：各市统计年鉴

从工业投资占比固定资产投资历年数据来看，杭州对于制造业确实是不怎么上心。

2013—2017年，杭州工业投资占固定资产投资比重一步步下滑，从原先就很低的21%，进一步锐减到15%。同期南京、武汉保持29%、31%的水平。

表 2-25　部分城市工业投资占固定资产投资比重

年份	杭州	南京	武汉	嘉兴	宁波	绍兴
2013年	21%	48%	38%	47%	31%	50%
2014年	18%	39%	37%	45%	32%	48%
2015年	17%	38%	36%	44%	33%	48%
2016年	15%	32%	30%	44%	30%	45%
2017年	15%	29%	31%	45%	27%	43%
2018年	12%	/	/	31%	26%	39%

数据来源：各市统计年鉴

尽管作为一个省会城市，“退二进三”[①] 是大的趋势。但是与南京和武汉相比，杭州的工业投资占比低得令人匪夷所思。

二是工业增速明显放缓。2012—2019 年，杭州规模以上工业增加值从 2492 亿元增加到 3531 亿元，8 年的增幅仅有 1039 亿元。而数字经济核心产业高歌猛进，仅仅 2019 年一年的增幅就高达 3795 亿元。

2019 年，杭州规模以上工业增加值的增速从 2012 年的 10.9% 下滑至 5.1%，与数字经济 15.1% 的增速相比甚为暗淡。

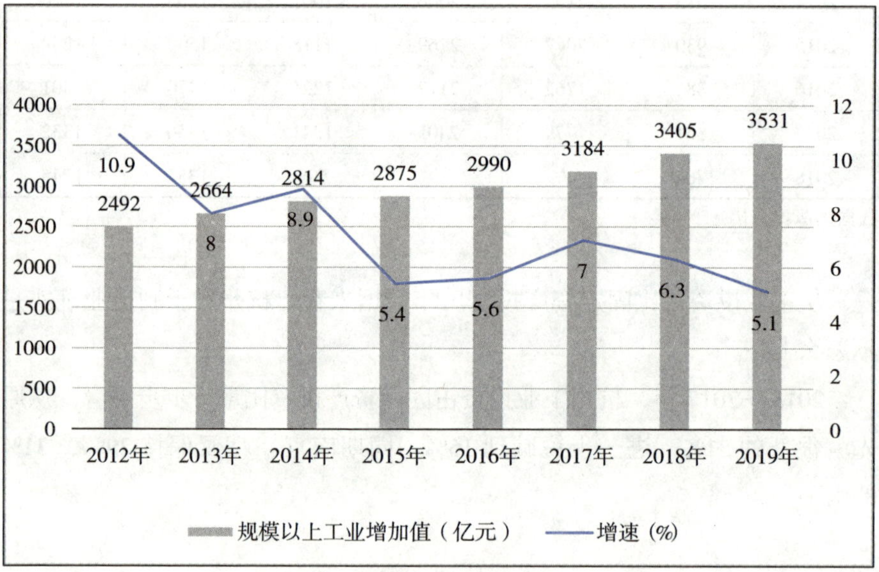

图 2-4 杭州规模以上工业增加值及增速

数据来源：杭州统计年鉴

三是工业规模不断萎缩。2011—2018 年，杭州的规模以上工业企业中，大型企业数量从 130 家变成 120 家，减少了 10 家；中型企业数量从 809 家变成了 617 家，减少了 192 家；小微企业先增后减，从 4929 家变成

① “退二进三”是一种产业调整方式，一般指在规划范围内腾出工业用地空间，发展第三产业，以促进经济转型升级、提升城市综合竞争力。

了4694家，少了235家。

反观同时期的浙江省，规模以上工业企业从3.96万家增加到4.15万家。

表2-26 杭州市规模以上工业企业数量

年份	大型	中型	小微	总计
2011	130	809	4929	5868
2012	133	745	5049	5927
2013	127	745	5412	6284
2014	125	691	5353	6169
2015	123	659	5291	6073
2016	128	641	4915	5684
2017	125	641	4767	5533
2018	120	617	4694	5431

数据来源：杭州统计年鉴

四是工业用地供应不足。2015—2018年，杭州市区工矿仓储用地供应计划占比全部供应用地，从26%逐年降至12%。2019年有所提升，但比4年前仍少了7个百分点。

表2-27 杭州市区历年国有建设用地供应计划（单位：公顷）

年份	商服用地	住宅用地	工矿仓储用地	全部供应用地	工矿仓储用地占比
2015	121	180	359	1393	26%
2016	208	291	269	1415	19%
2017	74	371	230	1544	15%
2018	84	336	240	1969	12%
2019	219	1142	760	3937	19%

数据来源：杭州统计年鉴

五是工业总量原地踏步。2009年，杭州的工业增加值高于成都、武汉、南京、宁波。十年之后，杭州工业增加值已远不如成都、武汉和宁波，南京也在后头无限逼近。

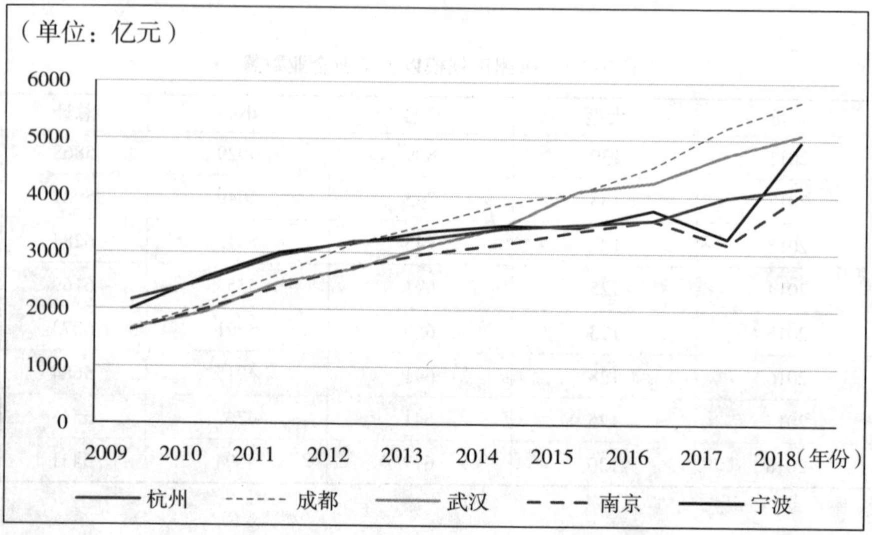

图 2–5　杭州、成都、武汉、南京、宁波历年工业增加值

数据来源：各市统计公报

从上述数据可以看到，杭州对工业厚此薄彼，过去十年间一直在“去制造业化”。它之所以能成为互联网之都，是以压榨和减少工业发展为代价所换取的。

虽然数字经济这个引擎，让杭州的第三产业一路腾飞，但缺乏第二产业的有力支撑，杭州犹如瘸了一条腿，后劲无力。

据《杭州日报》报道，2010 年，杭州工业增加值比成都和武汉均高出 500 亿元左右，但到 2018 年，杭州市工业增加值分别比成都和武汉少了 1500 亿元和 900 亿元左右。制造业的“疲软”，直接导致了杭州的 GDP 被这两个城市反超。

这犹如一记重锤，敲醒了飘飘然的杭州。

如果再不重视工业，真不排除会被紧跟其后的追兵南京超越的可能性。

据《杭州日报》报道，在“新制造业计划”中，杭州提出每年新出让的工业用地占年度出让土地的比例不低于30%，每年盘活的低效用地优先支持制造业发展；要组建市创新投资有限公司，做强市高科技投资有限公司，进一步加强银企合作，打通制造业企业融资的“最后一公里”；要建立担保机构风险补偿机制，切实解决中小微企业融资难问题。

“营造好全社会珍惜制造业、支持制造业的舆论环境，让企业家在政治上有荣誉、社会上有地位、经济上有实惠、事业上有作为，使制造业受到更多尊重。”

缺乏深水大港

从经济地理学的角度来讲，杭州“抛弃”工业有着深层次的缘由。

在全国前十的沿海城市中，杭州是唯一没有深水海港的城市，这无异于扼住了杭州工业大发展的喉咙。

历史上杭州也曾因港而盛。据史料记载，从唐代开始，就有成群的外国商人乘着海船，频繁地出入波涛滚滚的钱塘江。[①]到了宋代，作为南宋都城的杭州，对外贸易更加繁荣，通过东面出海口的乍浦，杭州的丝绸、瓷器流向了五十余个国家。澉浦港建立了专门打造出海大船的船舶基地，造出的木船体积极大，在装货外还可载客两三百人。[②]

不过，澉浦港位于几十公里以外的嘉兴地带。而且，这些海船实际上载重量不过几百吨。

一直以来，杭州都没有一个属于自己的深水良港。阻碍海港形成的天堑，正是与城市共生的钱塘江。

别因为钱塘江是浙江省第一大水系，水面宽阔，走几步就能抵达外海，就以为它是如同长江珠江一般的黄金水道。实际上，这里的河床存在庞大的沙坎，加上凶猛的涌潮，极大制约了钱塘江出海通航。

---

① 参见吴振华:《古代杭州是个大海港》，载于《航海》，1983年12月。

② 参见杭州课题组:《杭州》，当代中国出版社2008年版，第33页。

根据2008年出台的《杭州港总体规划（2005—2020）》，彼时钱塘江航道中，从淳安鸠坑口至桐庐通航能力为300吨级，从桐庐至萧山赭山通航能力仅为500吨。

表2-28 杭州港各港区主要航道现状

航道名称		起讫地点	航道里程（公里）	航道等级	通航能力（吨级）	备注
全港航道总计			1033.6			
干线航道合计			416.4			
支线航道合计			617.2			
其中	京杭运河	三堡船闸—北星桥	17	五	300	
		北星桥—邵家村	22.7	四	500	
	杭申线	三堡船闸—北星桥	17	五	300	36.8km与京杭运河重复
		北星桥—博陆	32	四	500	
	杭湖锡线	三堡船闸—武头林—雷甸	32.7	五	300	31.7km与京杭运河重复
	钱塘江	淳安鸠坑口—桐庐	132.7	五	300	杭州段48km
		桐庐—萧山赭山	120.1	四	500	
	杭甬运河	三堡船闸—临浦—钱清	77.1	六	100	正在按四级航道标准改建
		三堡船闸—吟龙铁路桥	31.8	六	100	

数据来源：《杭州港总体规划(2005—2020)》

近年来，浙江在提升航运能力上下了不少功夫。2019年1月，钱塘江中上游在时隔半个多世纪后，再次实现了全线通航，目前钱塘江中上游即富春江窄溪以上航段全线可通航500吨级船舶。

而钱塘江下游，至今河口很少有海运船只通行，能通行的最大吨位船舶不过是千吨级。相比之下，宁波港是30万吨级巨轮可自由进出，广州南沙港是15万吨级集装箱船可全天候通行。

虽然说2013年，杭州成功在大江东片区建成首个出海码头——萧山临江海港码头，这是杭州历史上第一个海港，但靠泊能力只有区区2000吨。

港口上孤零零杵着一座起吊机，与周边宁波舟山港、洋山港成排如山的塔吊相比，简直是寒酸到了极点。

如此低的通航能力，根本无法满足大型船舶的通行需求，更别提通过“大进大出”的方式来发展临港工业了。

实际上，杭州是一座非资源生产型的城市，对物质输送的依赖度很大。40%的成品油、80%的粮油产品、100%的煤炭钢铁都要通过江河水路输入。[①] 这座城市对于大港口具有迫切的需求。

没有大型专业化的深水泊位和集装箱专用作业区，不仅运输成本相对较高，连招商引资都会受到影响。

举个例子，杭州的大江东产业集聚区是浙江省重点建设的14个省级产业集聚区之一，这一片区重点发展汽车产业、现代装备制造业等，吸引了东风裕隆、东方电气、前进齿轮等大企业落户。企业在这里投产后，碰到的最大难题，不是销售，而是如何运出去。

据《杭州日报》2012年的报道：随着落户企业增多，大江东新城内较大货物运量与运输成本的矛盾逐步显现。例如东方电气生产的潮汐发电设备单体就达200—300吨重，以目前运输条件须经二程中转，另外，公路运输还会受到超高、超宽、超重等多方面因素限制，大件物品根本就上不了公路，必须走海运。

运输成本高，或许可以通过营商环境的改善降低其他成本来平衡，但是如果产品运输不出去，企业根本就不可能会落户杭州。

萧山临江海港码头建成后，才初步解决了大江东产业集聚区的运输难

---

① 参见陈栋：《港口经济成杭州水上生命线将打造“沿河产业带”》，载于《杭州日报》2013年9月10日。

题。不过，对于一些特定的企业来说，没有深水岸线终究是一个限制。

像吉利汽车把总部设在杭州，工厂设在宁波杭州湾、台州等地，这样的布局，就绝不是一种偶然。钱塘江的水文条件，使得杭州无法建设大型汽车滚装码头。而滚装码头又具有运输批量大，运输费用低廉的特点，是汽车中转的重要枢纽平台。

2020 年，京杭运河浙江段成功升级，杭州终于第一次拥有了三级航道，通行能力从 500 吨提升至 1000 吨。等京杭运河二通道建成后，千吨级的船舶将与长江航道及上海港、嘉兴港等出海港口相连，真正实现海河联运。①

然而，这些都只是边际性改良。

由于长期缺乏深水海港，杭州要通过制造业发展成为超级城市，非得花费更大的力气不可。

被逼另谋生路，发展互联网

或许正是这天生的地理劣势，使得杭州历史上的城市定位摇摆不定。

1953 年，中国邀请苏联专家来杭州帮忙制定城市规划。考虑到这里的独特历史文化、城市特征，杭州被确定为“以风景休闲疗养为主、适当发展轻工业的风景城市”。此后，大批休疗养院在西湖边上拔地而起，西湖成了少数人群的疗养专区。②

到了“大跃进”时代，整个社会笼罩在超英赶美的狂热氛围中，“以钢为纲”的国家战略又将杭州推向了“以重工业为基础的综合性工业城市”。当时全民大办钢铁、大办工业，致使西湖风景区附近涌入大批工业企业。以杭州钢铁、杭州炼油厂为代表的钢铁、焦化等重工产业在此崛起，成为杭州工业起步的摇篮。

---

① 参见庞菁涵：《“十三五”杭州交通蓝图绘就》，载于《杭州日报》2017 年 1 月 19 日。

② 参见杭州课题组：《杭州》，当代中国出版社 2008 年版，第 57 页。

但实际上，杭州并不适合发展重工业，一是杭州缺乏铁矿等原材料，二是没有临海港口，所需要的矿石和煤全都需要通过陆路运输。后来这些工业企业，对城市环境造成了极大干扰和影响。之后，改革开放的春风席卷南方大地。杭州开始反思过往的工业布局，回归现实重新发展“旅游城市”，致力于打造中国“东南部的旅游中心和国际上第一流的风景旅游城市”……[①]

在如何兼顾工业发展和旅游文化环境建设之间，杭州可以说是焦头烂额。

受限于客观条件，杭州一直希望能找到一个新赛道，来取代工业的经济地位。不过，大多数时间里杭州是举棋不定的，显得有些迷茫。

2000 年杭州成为国家信息化的试点城市，出台“构建数字杭州，建设天堂硅谷”的“一号工程”。当时的杭州市领导感慨：“我们尚未完成工业化，却又面临信息化的艰巨任务。”

2001 年，杭州又喊出“工业兴市”的口号，第二年还隆重召开“工业兴市”大会，用以嘉奖杰出的工业企业。此后，这场大会成了杭州每年固定的重头戏，由一把手亲自坐镇。

杭州市社科院课题组梳理发现，从 1949 年 5 月杭州解放到 2003 年，杭州的城市定位及发展目标共经历了六次变化。从来没有一个城市像杭州这样，来回折腾。[②]

直到一个名为阿里巴巴的互联网公司在此落地生根，并逐步壮大之后，杭州才慢慢找准了主方向。

看到阿里巴巴短短几年时间，就搞得风生水起，杭州坚定了互联网经济的方向。既然在工业发展上束手束脚，不如另辟蹊径好了。这是一个不需要依赖洋山港、宁波港这样的大港口也能发展得很好的新赛道。

此后，以电子商务为代表的数字经济迅速崛起，成为杭州的新增长

---

① 参见王云帆编：《长三角大悬念》，浙江人民出版社 2008 年版，第 197 页。

② 同上。

极。这座古老的风景城市，迎来了一个新的转折点。

2007年是见证杭州经济转向的一个历史性时刻，其第三产业的产值及占GDP比重首次全面超过工业。

虽然“工业兴市”的口号还没有彻底偃旗息鼓，但“服务业优先”“服务业强市”的呼声更高。而连续办了十年的“工业兴市”大会也在2012年之后就悄无声息了。

杭州甩开胳膊彻底扎入互联网。2018年，杭州的数字经济实现主营业务收入1.08万亿元，成为第一个万亿级产业集群，总量占浙江省60%以上，对杭州全市经济增长的贡献率超过50%，“全国数字经济第一城”的桂冠唾手可得。

然而，这两年的事实也证明了，没有第二产业的支撑，数字经济的发展将会受到极大的制约。整座城市犹如带着镣铐跳舞，就算姿势再优雅，也是负重前行。

深感危机的杭州是真的急了。经由这次的“新制造业计划”，杭州吹响了重归实体经济的号角。

当然了，新制造业并不是走劳动密集型传统制造业的老路子，而是要强调向高端化、智能化、绿色化、服务化转型升级。

比如说像芯片这种高精尖的产品，其体积小，附加值高，完全可以搭载飞机输送到全球各地，就是属于临空产业，而不是临港产业。它更需要的是机场，而不是港口船舶。医药业也适用于此。多发展这一类高端产业集群，杭州才能彻底摆脱港口劣势的枷锁。

不过，生物医药和芯片均是上海的传统优势产业。作为全国最折腾的城市，杭州的突围之路，远没有我们想象中的轻松。

无锡：从“苏南模式”到物联网“新高地”[①]

2020年3月，无锡发布《无锡市5G产业发展规划（2020—2025年）》，成为全中国第一个出台5G产业发展规划的地级市。

这座城市迫不及待。它提出到2025年，5G主产业链规模达到1000亿元，建成国际一流的5G精品网络、全国驰名的5G产业基地和全国领先的5G应用示范城市，成为国内5G产业发展的品牌核心区。

很多人没有注意到，其实在2018年中国移动和中国联通发布的全国首批5G试点城市名单中，作为“物联网之都”的无锡并不在其列。

当时的试点城市有40个之多，包含了4个直辖市，27个省会城市，5个计划单列市，4个其他城市——“千年大计”的雄安、冬奥会举办地之一张家口、中国第一大普通地级市苏州、“东方犹太人”的老巢温州。

一边是雄心勃勃的理想，一边是时常会被忽视的尴尬，作为民族工商业的发祥地，无锡或许早已习惯。

放眼全国，前十五名的城市当中只有两个普通地级市——苏州和无锡。苏州背靠上海一路稳扎稳打，而无锡显得无依无靠。

在1992—2011年长达20年的时间里，无锡GDP基本上稳居全国前十。

后来无锡一步步后退，相继被成都、武汉、南京、青岛、长沙、宁波超车。而这些城市，无一不是省会或者计划单列市。

无锡这座城市，是否印证了一个普通地级市终将没落的命运？

① 香港科技大学巫珩参与了本文撰写。

自下而上

无锡历史上最好的名次，其实是在民国时期。

那个时候，国家动荡不安，中央政府孱弱无力。城市的发展主要依靠自己。谁的民族工商业更强盛，谁就能独领风骚。

无锡地处京杭大运河枢纽位置，又是沪宁铁路的重要节点，使得它顺利接入上海。两地经济往来日渐加深，不仅大大拓宽了无锡商品的流通范围，也方便了无锡引入上海的资本和设备，无锡发展民族资本主义水到渠成。

根据当代中国城市发展丛书《无锡》一书的数据，1928—1937 年，在六大工业城市中，无锡的工人总数仅次于上海，居第二位，生产总值位列全国第三，拥有荣氏、唐氏、杨氏等六大家族。资本和工业的繁华，让无锡得名“小上海”。

1949 年之后，中国进入了举国发展体制。改变社会经济形态最重要的一股力量，不再来自民间。

官方掌控着最大的资源和调配权，谁能得到权力的更多青睐和倾斜，谁就能脱颖而出。

所以，沈阳、长春等“共和国长子”拿到了诸多苏联支持的重工业项目，整个北方熠熠生辉。无锡由于不是国防工业的重点城市，慢慢地就落伍了。

不过，辩证法告诉我们，历史总是波浪式前进，螺旋式上升。

到了改革开放初期，百废待兴。全国经济重担几乎全压在上海身上。这座城市，在 20 世纪 80 年代工业总产值占全国 1/8，财政收入约占全国 1/6，上缴利税约占中央财政支出 1/3。[①]

当时的中国，中央和省里自顾不暇，外汇储备聊胜于无。上级已经无法强有力地主导和扶持一个城市的经济发展。这个时候，城市的发展逻辑

① 参见明锐、逸峰:《江泽民在上海 1985—1989》，上海人民出版社 2011 年版，第 2 页。

从“自上而下”又变回了“自下而上”。

谁能率先放权，激发基层活力，谁就能第一个走出困境，取得爆发式的增长。无锡拿出了“第一个吃螃蟹”的勇气。

1983 年，无锡县堰桥乡开创出“一包三改”经验，即以承包责任制为核心，把企业干部的任命制改为选聘制，把固定工资制改为浮动工资制，把职工照顾进厂改为考核录用合同制。①

此举完全打破了计划经济时代原有的企业发展模式，享誉全国的“苏南模式”应运而生。政府下放权力，集体经济和乡镇企业犹如雨后春笋般地发展起来。

当年邓小平来无锡考察时，听说无锡县、江阴县乡镇工业已经占到全县经济总量的“半壁江山”，高兴地将乡镇企业誉为“异军突起”。

1985 年，国家发布《关于进一步活跃农村经济的十项政策》，在财政、税收、金融贷款方面给予大力支持，实际上就是给乡镇企业开绿灯。

解除了“紧箍”之后，无锡地方政府开始在苏南模式的发展中扮演重要角色，先是给予资金和土地支持，之后又在材料提供以及优惠政策方面给予帮助。

正是这样一支前期自发摸索，后期地方政府干预的乡镇企业队伍，成为无锡发展的主要驱动力。

1978 年 GDP 前 15 名城市的榜单内不见无锡的身影，到 1992 年它就一跃成为全国第 7 名，超过成都、南京、武汉、宁波，恢复了往日的辉煌。

无锡县还获全国百强县评比第一名，成为“华夏第一县”。无锡市郊区人均国民生产总值也在全国同等城市郊区中多年保持领先，成为“神州第一郊”。

在其他城市还未能找到自己的发展路径时，无锡地方政府凭借着“苏南模式”胜券在握。

---

① 参见无锡课题组:《无锡》，当代中国出版社 2017 年版，第 77 页。

无锡的努力，自下而上地改变了自身的命运。

此后，无锡紧跟时代的步伐，不断调整发展路径。

随着市场经济的逐步完善，当“苏南模式”优势日渐式微时，无锡及时进行股份合作制改革和现代企业改革，许多乡镇企业摇身一变，成为后来无锡引以为傲的民营企业阵营。

当中国开始发力资本市场时，无锡鼓励企业上市，创造了资本市场上赫赫有名的“江阴板块”。

当全球产业转移的大浪潮来临时，无锡陆续建成无锡新加坡工业园、国家高新技术产业开发区、无锡太湖国际旅游度假区、宜兴市环保科技工业园和江苏省江阴经济开发区，利用外资盘活整个经济链条。

在 1992—2011 年长达 20 年的时间里，无锡经济总量基本上稳居全国前十。

换个赛道前行

2007 年，是无锡由盛转衰的一个转折点。

当时太湖暴发严重的蓝藻污染，200 万市民无法饮用自来水。这一事件一下子把无锡推到了风口浪尖。无锡痛下决心，将大量的高污染企业迁离太湖沿岸，经济增速严重受挫。

放眼整个长三角，只有两个城市享有“失落的十年”的“勋章”，一个是浙江省的宁波，另一个就是江苏省的无锡。

一南一北，遥相呼应。

在这段时期，无锡的经济增速一度低于江苏省的平均水平，全省垫底，2014 年名义 GDP 增长更是仅有 1.67%，几乎停滞。

不过，无锡一直没有忘记制造业重镇的本色。

既然以生态破坏换取 GDP 的做法难以为继，那就换个赛道好了。无锡在新一轮高科技产业选择上，把新筹码押在了物联网产业上。

经过十年的深耕，如今的无锡已经成为中国乃至全球物联网的“新高地”。据新华社报道，2018年无锡物联网产业营业收入超过2600亿元，总量占全国的1/4，成为江苏的半壁江山。从2009年的只有几十家物联网企业，发展到现在集聚18万产业人员和2000多家物联网相关企业。

作为老牌的工商业名城，无锡还有另一张拿得出手的底牌——集成电路产业。

20世纪80年代，隶属电子工业部的江南无线电器材厂开创了中国第一次从国外引进集成电路技术的历史。由于此次引进合作的成功，电子工业部开始抓紧在无锡大力发展集成电路产业。①

在政策的大力支持下，无锡也带动周边其他城市，逐步发展为集成电路的苏南地区集群。

2000年，无锡继上海、西安之后，成为第三个获得科技部批准的国家级集成电路设计产业化基地。

2015年无锡重提“产业强市”的发展战略，这一决定让原有的产业再度迈上新台阶。到2018年，无锡集成电路产业销售总额达到1014.05亿元，成为全国除上海以外的第二个超千亿元的地区。这个地方，拥有上海华虹、天津中环，以及韩国SK海力士等国内外不少顶尖半导体企业，已然成为全国集成电路产业重镇。

一直以来，无锡都没有放弃涅槃重生的念头。所以，2017年无锡成功拿到了万亿俱乐部的入场券。这是无锡经历“失落的十年”之后，一个久违的高光时刻。

今天的无锡，底子仍十分雄厚。我们来看一下2019年《新华日报》统计的几组成绩：

> 14家企业入围中国企业500强，从2018年的全省第二上升至全省第一；
>
> 20家企业入围2019年中国民营企业500强，总入围企业数与

① 参见陈芳、董瑞丰:《“芯”想事成》，人民邮电出版社2018年版，第147页。

2018 年持平；

30 家企业入围中国制造业企业 500 强，继续保持全省第一；

15 家企业入围中国服务业企业 500 强，与苏州并列全省第一。

这座城市非常努力地在进行产业升级，相关表现也可圈可点。然而，它还是抵挡不住自身经济排名的下滑。

2012 年无锡 GDP 被成都超越，2013 年被武汉超车，2014 年南京、青岛也赶了上来，2016 年、2019 年被长沙、宁波甩在后头。如今无锡的 GDP 排位已跌至全国第 14 名。

与当年相比，无锡的话语权、知名度、存在感可以说是大大萎缩了。

很多人把无锡的衰落，归因于 2007 年的太湖蓝藻事件。在我看来，环保风暴只是一个加速器而已。

历史上，有过政策性失误的城市何止无锡一个。深圳也曾陷入“你被谁抛弃”的争议，东莞也一度忍受“腾笼换鸟”的阵痛，最后它们还是成功通关晋级。

最关键的原因，还是无锡自身的行政级别。在大国崛起的历史性进程中，一个无依无靠的普通地级市，很容易会走向没落的命运。

分税制改革后，中央财力不断扩张

在无锡遭遇阵痛的十年间，中国已经发生了翻天覆地的变化。

20 世纪 90 年代中后期，当苏南模式迅速衰落时，中国刚刚完成分税制改革。财权上收，事权下放，中央实现了经济集权。

2000 年中国启动西部大开发战略，其实就释放出一个信号，那个时候中央的可支配财力与之前大不相同。

国务院前副总理曾培炎在他的回忆录里提到，西部大开发这一政策恰逢其时，如果早十年提出，中国的国力还难以承受，如果晚十年提出，将会错失良机。[①]

2004年中央又作出“中部崛起，东北振兴”的重大决策部署。可见国家权力对于资源的调度能力和动员能力正在重回巅峰。

2007年，无锡暴发太湖蓝藻事件。翌年北京就召开了奥运会，这是东方雄狮彻底苏醒、中国国力强盛的一个标志。

对于中央来说，它可以通过两个手段来干预地方上的经济脉络。一个是财力上的转移支付力度，一个是在政策上的对外开放尺度。谁能得到中央的关照，谁就能飞黄腾达。

关于财力的扶持，天津滨海新区是个典型的样本。作为中国第二个国家级新区，国务院批准的第一个国家综合改革创新区，滨海新区被一股强有力的国家力量托起。

在这里，财政系统的融资拨款，加上央企投资，前前后后投入的资本高达数万亿之巨，发展特别迅猛。

有段时间，天津的经济体量一度逼近一线阵营，让广州十分惶恐，担忧中国第三城的地位不保。

虽然后期投资驱动的模式走不通了，但不可否认，多年的中央扶持是天津在北方经济集体走低的大环境下，仍能保持住北方经济中心地位的重要原因。

关于政策的扶持，苏州工业园区是个标杆案例。虽然无锡也有一个新加坡工业园，但它的战略意义，完全不能与苏州工业园相提并论。

作为中国第一个与外国政府合作建设的工业园区，苏州工业园区被誉为“中国改革开放的重要窗口”。中央对它的重视程度不言而喻。本质上它并不是两个城市之间的合作项目，而是两个国家政府间的合作项目。

据苏州工业园官方网站介绍，苏州工业园区自开发建设以来，一直得到党中央、国务院的高度重视和亲切关怀，中新双方建立了由两国副总理担任主席的中新联合协调理事会。1994—2010年，已先后召开十一次联合

---

① 参见曾培炎:《西部大开发决策回顾》，新华出版社2016年版，第26页。

协调理事会、十一次中方理事会，国务院八次发文，在目标规划、管理授权、政策扶持等重大问题上给予直接指导和具体帮助，并明确“凡是符合改革方向的可在园区先行，一时看不准的也可在园区试行”，为园区创造了“不特有特、比特更特”的发展环境。

表面上看，苏州只是一个普通地级市，但它享受的待遇早已超过了原有层级。这使得苏州在借力外资的赛道上，远远快过无锡，奠定了苏州成为中国第一大普通地级市的基础。

强省会战略下，无锡更加边缘化

不同的行政级别，对于不同的城市可能会有不同的效应。

长江商学院原高级研究员罗天昊认为，政治地位过高制约了上海的经济发展。上海是中国第一批直辖市，其最高负责人按惯例属于核心权力层。这种敏感的政治地位，虽然可以使上海在获得国家投资、争取国家项目上占有一定优势，但长远来说，却造成国有企业的习惯性依赖，民营企业活力的丧失，而且也会让上海趋于保守，在政治、经济领域的改革相较于深圳均滞后不少，锐气不太够。[①]

但对于无锡来说，反而是政治地位过低限制了其经济发展。过去不管无锡取得了多么辉煌的成绩，它始终是一个普通地级市，不仅政策上比不上直辖市和计划单列市，财政上也比后者弱得多。

像深圳引进人才就规定，只要是本科生落户，每人一次性发放租房和生活补贴 1.5 万元，硕士每人 2.5 万元，博士每人 3 万元，补贴力度远比省会广州阔气多了。原因就在于人家是计划单列市，不用跟省里分享收入，有更大比例的财政留存。无锡可没有这样的底气。

而且无锡还不是省会城市，公共资源吸附能力本来就比较弱，如果未能得到中央或省一级的青睐，颓势更难以逆转。

---

① 参见罗天昊：《大国诸城》，浙江大学出版社 2012 年版，第 18 页。

近十年来，武汉、成都、南京、长沙等省会城市不断赶超，就得益于上级权力的关照。

省一级政府通过税收共享制，拿到了全省各个城市的创收，加上中央转移支付，省级政府的可支配财力颇为可观，它们会把全省最优质的资源放到省会身上，关键时刻，甚至会给省会城市“撑腰”，帮助后者向中央争取政策倾斜。

以南京为例。在强省会战略下，南京呈现出了蓬勃发展的势头。2015年，南京江北新区晋升为国家级新区，是全江苏至今唯一的国家级新区。2019年江苏自贸获批，南京、苏州、连云港片区同时入选，无锡则不在名单之内。这种头部资源的集聚，使得南京的体量在超越无锡之后，又迅速与其拉开巨大的差距。

身边没有超级城市

过去十年，中国城市的发展轨迹，行政力量主导的痕迹似乎越来越明显。以往一些相对落后的省会、计划单列市等，凭借行政地位后来居上。而普通地级市则多数遭受碾压。

当然了，在上一轮经济周期里，也有几个普通地级市走出了跟无锡相反的轨迹：苏州、东莞以及佛山。

从1990年到2019年近30年的时间里，这几个城市在全国的GDP排序整体而言是上升的。

它们都有一个共同的特征，就是位于超级城市身旁，从而有机会将自己融入一线城市体内。

比如说苏州，20世纪90年代李光耀最先考察的地方其实是老工业基地无锡，后来之所以会选择这个水乡城市，主要原因之一就是看中它靠近上海。此后，苏州成功借助上海“后花园”的地理优势，大力发展外向型经济，成为中国最大的外资高地之一。

东莞则是承接来自深圳的产业转移，成为其“前店后厂”的最佳拍档。而佛山南海区、顺德区分别做好了广州市、广东省的飞地角色，打造了与省会高度互补的产业链条。这些我们留在后续文章分析。

历史上，无锡也曾经是上海的“后花园”。

如前文所述，在民国时期无锡便有沪宁铁路接入上海，这是江苏省第一条铁路，大大压缩了无锡与远东第一大都市之间的时空距离。那个时候，河运在交通体系中占据了非常重要的位置，铁路尚不发达，无锡是极少数能够通过轨道交通直达上海的城市，而且民族工商业起步又比苏州要早。所以在很长时间内，无锡可以接受到上海最多的辐射。

进入 21 世纪后，轨道交通和机场建设遍地开花，中国从河运时代转入了高铁时代、航空时代，有更多的城市无缝对接了上海。大苏州市更是凭借着高速公路网以及地铁，与上海加速一体化。最终，无锡被替换了下来，不再是承接上海辐射的桥头堡。

这也是无锡会从中国第三城，一步步衰退为今天的江苏第三城的原因之一。

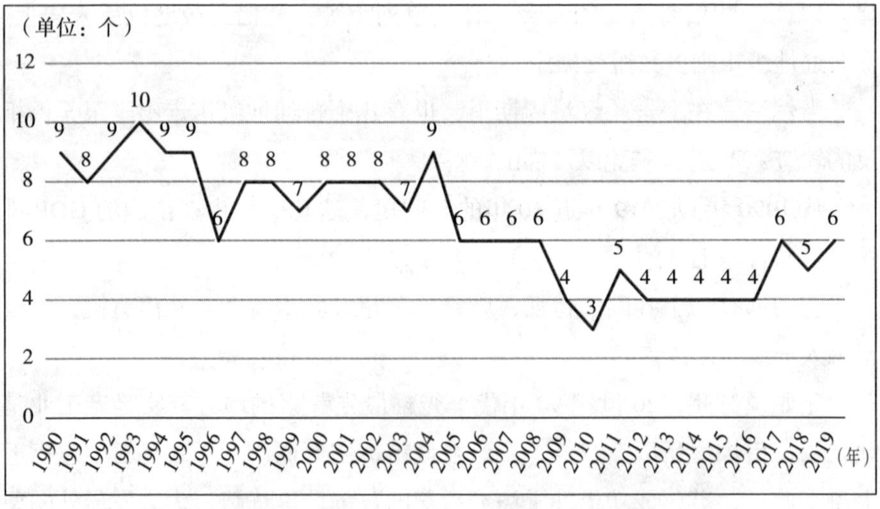

图 2-6　GDP 前 30 名城市中不临一线城市的普通地级市数量

数据来源：根据各地年检统计

1993 年，中国 30 强的城市当中，不紧靠一线城市的普通地级市有 10 个，占了 1/3。2012—2016 年连续五年维持在 4 个，近两年反弹至 6 个，但相比巅峰期还是少了 4 个。

展望未来，像无锡、泉州这样的普通地级市，似乎只能赤手空拳打天下，任凭时代的浪潮裹挟向前了。

第三章　前途不可限量的粤港澳大湾区

广州：正在打响一场“西富运动”

城市发展重心的转移方向，深刻影响一座城市的生命。

苏州往东，投资力度最强的是城市东边的工业园区，这里一片钢筋水泥，目前二手房均价3万多元，而历史最悠久、人文积淀最深厚的姑苏区均价才2万多元。

深圳向西，南山晋升为“准宇宙中心”，这里的房价成为深圳的火车头，而最早的市中心罗湖，其房价过去五年的涨幅跑输大盘。

合肥朝南，滨湖新区冉冉升起，带领昔日的江淮小邑进入巢湖时代，全省文化中心庐阳区存在着老化的危险。

通常来说，随着城市规模的扩张，人口的膨胀，城市的中轴线会不断发生转移。在新区兴盛的同时，老城也会走向衰败。

北京是一个非常特殊的城市。作为国家政治核心，其中轴线几百上千年不曾移动。以天安门一带为圆心，次中心再遍地开花，也是众星拱月。特殊的政治级别，造就了北京的超然命运。

撇开北京不说，超大城市、特大城市往往都逃脱不了老城区衰败的命运。

不过，广州也有可能会成为那个例外。

一个新超级地标即将诞生？

今天，广州正在向西拼命建地铁。

老城区荔湾位于广州最西边，接壤佛山。其东北方向是广州政治中心，西南方向是佛山政治中心。它就像古代中国木工建筑的一个巨型榫槽，让广佛核心紧紧咬合在一起。

这里历来便是广佛同城化的桥头堡。十年前，全国第一条跨城地铁广佛线，就是在荔湾区接入广州1号线终点站西塱，实现广佛无缝换乘。

未来荔湾很可能会成为全中国跨城地铁最密集的一个区：佛山1号线已与广州1号线相交于西塱；佛山5号线规划与广州5号线相交于滘口；佛山11号线规划与广佛线相交于鹤洞东；佛山11号线规划与广州22号线相交于广钢新城……

作为广东的老大哥，霸气的广州最近还在加快推进几个史诗级的工程，将更多的势能导进荔湾。

在粤港澳大湾区的南北走向上，广州规划地铁18号线向北延伸至清远，向南延伸至中山、珠海，贯穿整个珠三角西岸。

在大湾区的东西走向上，广州规划地铁28号线横贯佛山、广州、东莞，线路全长107.1公里。该项目已纳入《粤港澳大湾区（城际）铁路建设规划（上报稿）》，一旦建成，它将成为全球第一条同时链接一个超大城市和两个特大城市的地铁，史无前例！

根据媒体的信息，广州地铁18号线在番禺广场—万顷沙区段与广州地铁22号线共线运营，而地铁22号线又规划与28号线相交于荔湾区的芳村板块。

一条是贯穿大湾区东西两翼的地铁，一条是贯穿大湾区南北两端的地铁，两条地铁可以在芳村实现换乘。

而且，这两条地铁都是市域快线，最高运营时速可达160公里，比普通地铁足足快了一倍。

这意味着，未来芳村将成为广州、佛山、东莞、珠海、中山几个城市快速交换资源的平台。

广州打算通过轨道交通连接起大半个大湾区，实现同城化发展。这真是一个野心勃勃的计划。

一旦这几条相当于城际轨道的市域快线落地，将进一步坐实广州核心交通枢纽的地位，并发挥对抗深圳的作用，推动大湾区中心城市的地位回归到省会城市。

上述地铁，哪一条不是上百亿的规模？广州准备砸下数千亿的重金，老城区受益无穷。

除了轨道交通之外，荔湾区的城市形象也即将迎来巨变。

2020 年 3 月，广州新一年度的建设用地供应计划出炉，在 372 宗待出让土地中，荔湾区白鹅潭有一宗地块尤为吸引眼球。

其容积率高达 14.7，甚至超过广州中央商务区的地标东塔、西塔。外界普遍猜测，未来这栋摩天大厦将高达四五百米，荔湾区会诞生一个超级城市封面。

没隔几天，荔湾区委书记就对媒体透露称，白鹅潭规划的调整方案即将过会。调整后，白鹅潭沿江 30 平方公里将拥有 2200 万平方米的商办面积，超过珠江新城核心区加上金融城商办面积的总和。

未来这里将打造成广州中心城区西翼 CBD、总部经济、高端产业和现代服务业集聚区，与中轴线上的珠江新城、广州塔周边、琶洲“黄金三角区”和东部金融城遥相呼应，构成东西相望、并驾齐驱之势。

为什么突然之间，广州似乎把最重的筹码押在了西边？

东进已经到头了？

今天的深圳，正在不断扩充势力版图，东莞已经被它纳入了体内，深汕合作区成为它的“第 11 个区”，香港在舆论中已被戏称为“环深城市”，广州自然也会有压力。

从地理区位来讲，东莞夹在广深之间，按道理应该会同时接受两个超大城市的辐射。但深圳市人大代表金心异观察到，东莞南部一带的镇街，其综合实力明显强于北部一带，说明深圳对东莞的辐射强过广州。[①]对此后文会进一步分析。

2000 年，广州在《城市总体发展战略规划》中首次提出了“东进、南

① 参见张东明编:《广州策论》，南方日报出版社 2013 年版，第 44 页。

拓、西联、北优”的发展战略。

北边属于喀斯特地貌，可开发承载力较弱。往西是佛山，两个城市已经靠在一起了，边界上的可开发空间甚少。所以广州的发展重点并不在这两个方向上。唯有东边和南边还有大片尚未利用的土地，开发成本低。

后来，广州一路向东。黄埔区冉冉升起，成为广州的产业高地，GDP仅次于天河区。增城区的格局也是焕然一新。

近来，广州继续把富士康超视堺 8K 项目、广东唯一一条量产的 12 英寸芯片生产线广州粤芯等高精尖项目布局在了东边……

毫无疑问，未来广州的制造业板块仍会一路向东。一是这里仍有较大的土地空间，二是能够辐射东莞塌陷的北部地带，跟东莞、深圳形成连绵不断的产业集群，托起广深科创走廊，与美国硅谷 101 公路竞争。

这是粤港澳大湾区赶超世界顶级湾区的必要路径。不过，广州服务业板块的东进似乎已走到了尽头。

人类有逐水而居的习惯。水既是护城的屏障，又是生产要素流通的大动脉，我们的基因当中极度渴求水环境。

放在现代生活中，江河又是稀缺的城市景观，不可复制。所以从 20 世纪末开始，广州自然是沿着珠江打造城市商务区，珠江新城、琶洲、金融城、鱼珠等 CBD，一个接着一个拔地而起。不过，鱼珠岸线再往东就是黄埔新港了。

且不说港口是广州作为千年商都的生命线，与城市产业体系紧密嵌合，一般不会腾挪位置；就算黄埔新港真的“消失”了，再往东就是东莞的边界，无路可走了。

根据 2018 年出台的《珠江景观带重点区段（三个十公里）城市设计与景观详细规划导则》，广州境内的珠江景观带总长约 373 公里，分北、中、南、东四个区段。中段是展现广州形象的精华段，西起白鹅潭、东至南海神庙，分为西、中、东三个十公里。

东十公里（从琶洲岛东端到南海神庙）规划为黄埔临港经济区，目前还在迁移工业设施腾出土地，等这一片建设结束，三十公里的黄金走廊就开发饱和了。

碍于当前交通体系的极限，城市并不能无限扩大。

以北京、上海为例。这两个超级城市放射出的所有地铁线的最远端，距离市中心的直线距离在35公里左右。从终点出发，单程通勤距离约一个半小时，一天来回就要耗费三个小时，这是上班族所能够承受的极限了。

所以，北京、上海并没有继续过去的摊大饼模式，持续扩张城市范围，而是开始有意识地控制人口。这便是城市交通体系利用到顶的必然结果。

在快速磁悬浮列车、空中飞行巴士等未来交通网络尚未成熟之前，中国城市的边界很可能就是三四十公里。①

世界上第一条地铁诞生于1863年。这意味着人类用了一个多世纪的时间才将城市边界推到几十公里远，那么未来交通工具从诞生到成熟，又需要多少年才能颠覆由地铁体系所锁定的极限呢？

由此可以预见，广州经过多年努力打造出来的珠江新城—琶洲—金融城"黄金三角"，可能会"统治"广州至少半个世纪。广州中轴线轻易不会改变。

在这种情况下，广州服务业板块的东进势必不能偏离中轴线太远。

当前企业的生产环节跟总部/研发环节分离是大趋势。工厂放在郊区没有关系，因为郊区更有空间承载大规模流水线，而总部/研发环节更多放在了交通便利、商业环境更好的主城区。

主城区不仅高端人口稠密，而且总部经济集中，这些都是生产性服务业的服务对象。所有的私募、金融、咨询、法务等，都需要跟主城区发生联动。

这决定了广州的现代服务业，没办法跟随制造业一路东进跑到中新知识城、增城等地，大部分还是要想尽办法留在主城区。

---

① 东京拉开城市骨架的方式跟中国不同。中国的城市主要是通过地铁，而东京是通过密密麻麻的城际轨道、市域快线等方式连通卫星城，所以东京的实际通勤距离比中国一、二线城市都要远，最远可到50公里。

2000 年广州大力东进，20 年后的今天，东部的地价和租金已不可与往日同日而语，开发成本逐步增高，边际效益递减。

相比之下，老城区开发成本虽然较高，但综合地理优势等条件，可能会带来更大的收益和产出，其边际成本反而是降低的。向西折返，在经济上也就可行了。

老城区的衰落与老龄化

放眼全球，有一座世界大都市确实发生过类似“折返”的现象——伦敦，这座城市跟广州特别像，也是沿着泰晤士河一路东进。

在大英帝国时代，伦敦构建了跨越东西两半球的近代工业体系，金丝雀码头成为世界贸易的集散地，繁华热闹。

20 世纪 70 年代，由于集装箱航运的发展、船只大型化的趋势，作为内河港的金丝雀衰落了。

此后伦敦一路东进，东伦敦崛起成了房价新贵，但城市并没有无止境地东进。80 年代中期，废弃的金丝雀再次闯入主政者的视野，这里被逐步改造成了新金融城。

直至今日，金丝雀仍然是伦敦重点打造的片区。超高层建筑不断刷新这里的天际线，交通设施持续扩容完善，进一步巩固该片区的全球金融中心地位。

广州沿江东进已取得阶段性成果。这场持续 20 年的新城运动，确立了广州的市中心。现在，又到了一个新的历史性时期：开发老城区。

2018 年 10 月最高领导人视察广东时，要求广州努力实现“老城区新活力”。老城区的更新与复苏势在必行。

广州这座国家历史文化名城，拥有 2200 多年城建史。越秀区是最古老的中心城区，秦统一中国后设南海郡，郡尉在这里筑起了番禺城。城墙之内，便是广州政权发号施令的地方。

其后各个历史朝代，广州城的面积亦不断扩展。但不管围墙之外的世界如何天翻地覆，这里始终是广州的政治中心，不容外部势力染指。

进入近代的“一口通商”时期，大清王朝在广州城外的沙面岛上，设置了唯一的外贸通商口岸“十三行”，一时间各国商贾云集荔湾，造就了“金山珠海，天子南库”的一代传奇。这里，便是与墙内相对应的广州经济中心了。

作为海上丝绸之路的起始地，荔湾区是千年商都的历史性缩影，拥有西关大屋、陈家祠、上下九骑楼等岭南文化代表。

然而，伴随着时间的流逝，城市的东进，越秀和荔湾不可避免地衰落及老龄化。

原本，老城区的土地就非常宝贵和稀缺，但是这里部分土地的产出极低。每单位土地所创造的社会财富，远没有达到应有的水平。

这对整个城市的发展具有致命的威胁，无形当中拖累了广州的二次腾飞。广州的西富运动，就是要提升整座城市的“亩产”水平。

半张新纸

站在新的十字路口上，广州遇到了一个千载难逢的机会。

过去，中国的超大城市、特大城市之所以没有“折返”过，是因为大规模的旧城改造涉及多个利益主体，拆迁的资金成本过大，时间过长，需要耗费很多精力，远没有在郊区搞新城建设那么痛快。

而荔湾区南部，当地政府却有大量的土地储备。

之前这里布局了很多国企工业，广钢、广船、广烟、广信集团等，大量土地掌握在国企手中，具有“腾笼换鸟”的空间。

近年来，广州在这里陆续腾空旧厂房、搬走批发市场。2017—2018年广船搬迁，2020年原广州卷烟二厂旧改，广钢原有土地已建起了广钢新城……

政府有能力收储大量的、连片的土地，让荔湾区南部充满了巨大的想象力。市场早已作出了反馈，嗅觉敏锐的资本蜂拥而入。

2016 年，华大物流地块拍出每平方米 36773 元的楼面价。2019 年冷冻厂地块（属于荔湾区北部）再创新高，拍出每平方米 42519 元的价格。

中国顶尖开发商万科，则用 551 亿鲸吞广信破产后遗留下来的资产包，里头包含了位于花地湾的 1 平方公里土地。

这笔买卖堪称史诗级交易，在全国一线城市的主城区当中，1 平方公里是绝无仅有的开发体量，之前没有任何一个开发商做过这样的事情。万科的重仓，无疑释放出了一个看好广州西部的信号。

广州向西是动真格的！未来以芳村为核心的荔湾区南部，将脱胎换骨。

应该说，绝大多数城市都没有广州那种运气，在城市发展重心的反方向上，存在着一个“佛山”。在市场力量的推动下，两个地方存在着同城化趋势，使得广州一直有一股力量，在牵扯、中和城市东进的势能，让广州的市中心自始至终都有复位的可能性。

开发西边的老城区，具有叠加性的实际意义。它既有利于广州焕发新的活力，又能辐射带动佛山的长远发展，推动这两个城市融合成一个超级大都市。

历史上，广州曾经被迫改变城市发展重心。

就如前文所述，1997 年 6 月虎门大桥正式通车。当时谁也没有想到，这样一个世纪工程，会彻底打乱广州的发展进程。通车约 4 年后，载重 10 万吨以上的集装箱船便无法通过虎门大桥。

大桥化身拦路虎，使得广州布局在珠江沿岸的番禺、五和、新塘、黄埔、新沙港，通通沦为“内河港”。

不得已，广州只好往南推进，在南沙另建万吨级码头，在那里继续国际航运中心的梦。

然而，南沙港距离广州的制造业中心毕竟有五十公里之远，实际上已相当于另外一个城市了，联动效率还是受到了影响。

直到今天，南沙港仍没有进港铁路，无法实现海铁联动，接入纵贯南北的快速物流大动脉。

这一次，广州是主动出击，及早作出战略性调整。这很可能会深刻影响广州的城市命运。

万里长征第一步

对粤港澳大湾区来说，广州具有非常重要的意义。

近来由于深圳的崛起，不断有声音在唱衰广州。其实一个衰落的广州对于大湾区没有任何好处。

为什么广州被中央选定为国家中心城市，而深圳不是？是因为这对双子星距离太近，没必要安排两个吗？是因为中国太大了，还有很多地方需要照顾，搞区域平衡吗？

不是的。西南片区整体实力较弱，也有两个国家中心城市——成都和重庆，两者相距 260 公里；华北片区也有两个——北京和天津，两者相距仅 120 公里，与广深的 100 公里相差不多。

最重要的原因，还是广州真的在珠三角经济运行当中，发挥了重要的引领、辐射和集散功能，比深圳明显得多。

广东财经大学商贸流通研究院院长王先庆指出，广州是全国最具商业传统和气氛的大都市，拥有全国最大的商人群体，初步估计广州本地直接或间接从商的人数在 300 万—400 万人。（巅峰期）有一千多个专业批发市场密集分布在全市各个角落。无论总体规模、数量，还是行业类型和影响力，全国没有一个城市可以与广州相比。[①]

每一个档口背后，都可能链接着珠三角或华南地区的一个工厂。源源不断的订单，让身后遥远的机器持续开足马力，日夜轰鸣。

无数皮革皮具、鞋业、纺织服装、五金建材、水产品、珠宝、茶叶、酒店用品、化妆品等产品通过广州专业市场走向海内外，而这些中低端制造业，恰恰正是目前国内经济的底色。广州的存在，为它们打开了广阔的市场空间。

---

① 参见王先庆:《广州千余专业市场何去何从？》，载于《南方日报》2013 年 6 月 7 日。

广州每年还会举办“中国第一展”——中国进出口商品交易会（简称广交会）。广交会创办于1957年春，每年春秋两季举行，迄今已有60余年的历史。不管政经形势如何变幻，广交会从未间断过，堪称共和国的奇迹。

巅峰时期，广交会可以托起中国制造业的半边天。数据显示，从1965年开始，广交会年出口成交占全国外贸年出口总额30%以上，1972、1973年最为鼎盛，占比均超过50%。①2000年中国加入世贸组织的前夕，广交会的出口成交仍占到全国一般贸易出口的1/3左右。

如今，伴随着电商冲击和深圳高交会、厦门投资贸易洽谈会等其他国家级展会兴起，广交会的出口成交额有所下滑。2019年全年成交额590亿美元，仅相当于全国货物贸易出口的2.36%，但绝对值仍不容小觑。

在粤港澳大湾区发展规划当中，广州的城市定位是国际商贸中心、综合交通枢纽。其中最重要的功能是国际商贸中心，因为综合交通枢纽其实也是服务于国际商贸中心的基础设施，属于一个硬币的两面。

这里成为中国制造与世界之间的连接器，极大地拉动广东地区的产业扩张和经济增长。

不过，通过广州走出去的“中国制造”，只是征服了第三世界，还未征服第一世界。

根据广州统计局的数据，当前广州出口最多的商品为服装及衣着附件，2018年出口额为964294万美元，是第三名液晶显示板的2.43倍。排名前十的出口商品，劳动密集型产业占比超过70%。

另外还有一组数据显示，2018年广州高新技术产品出口占比全市出口15.4%，低于深圳的50.7%、上海的42.0%。

表3–1　广州市2018年主要出口商品情况

	商品名称	单位	数量	金额（万美元）
1	服装及衣着附件			964294

① 参见林仪：《广交会：走过一甲子》，载于《中国经贸导刊》2018年5月25日。

续表

	商品名称	单位	数量	金额(万美元)
2	贵金属或包贵金属的首饰	千克	167737	401040
3	液晶显示板	万个	2684	396637
4	箱包及类似容器	吨	355149	317542
5	纺织纱线、织物及制品			294213
6	汽车零配件			274395
7	家具及其零件			268154
8	灯具、照明装置及类似品			249196
9	玩具			219164
10	鞋	万双	53232	205582
11	塑料制品	吨	399416	185073
12	船舶	艘	84	150674
13	自动数据处理设备及其部件	万台	6830	145114
14	陶瓷产品	吨	1020375	140873
15	成品油	吨	1840968	120447
16	印刷电路	百万块	1473	115664
17	打印机(包括多功能一体机)	万台	547	110549
18	静止式变流器	百万个	290	95795
19	电视、收音机及无线电信设备的零附件	吨	18281	94203
20	空气调节器	万台	391	82568
21	扬声器	万个	9593	78649
22	钢材	吨	524984	77889
23	电视机	万台	643	75647
24	摩托车	辆	1422026	73970
25	照相机	万架	514	56455
26	电线和电缆	吨	72469	54521
27	冰箱	万台	336	51300
28	摩托车及自行车的零配件			45708
29	自动数据处理设备的零件	吨	19651	38056
30	不锈钢厨具、餐具等家用器具	吨	66917	34581

续表

	商品名称	单位	数量	金额(万美元)
31	蓄电池	万个	8696	33988
32	集装箱	个	94508	32037
33	玻璃制品	吨	188878	29151
34	原电池	百万个	6765	29112
35	新的充气橡胶轮胎	万条	1425	22107
36	录、放像机	万台	1223	20768
37	电话机	万台	376	20667
38	电扇	万台	3314	19423
39	珍珠、钻石、宝石及半宝石			17882
40	印刷品	吨	39675	17233
41	手表	万只	7071	16421
42	自行车	万辆	183	13024
43	医药品	吨	21689	11872

数据来源：广州市统计局

这些都说明，广州作为千年商都，托起的主要还是中国的中低端制造业。未来要成为世界级的塔尖城市，广州还任重道远。

像广州的专业批发市场在空间布局上，就过于集中在中心城区，有55%位于内环线以内，也就是荔湾、越秀两个老城区。不仅浪费了大量宝贵的城市土地，造成城市空间拥挤，而且商流与物流的矛盾十分突出。[①]这些市场的升级改造迫在眉睫。

打造国际购物天堂、国际采购中心、国际美食之都、国际会展中心、区域金融中心、电子商务中心，是广州汇集全球商流、客流、物流，建设国际商贸中心的应有之义。这些功能的实现，也需要中心城区，尤其是具有浓郁岭南文化特色的老城区来作为承载平台。

荔湾区南部的大开发，不过是万里长征的第一步。

---

① 参见刘伟中:《广州专业批发市场转型升级的调查与思考》，载于《广东经济》2018年5月5日。

深圳：大国实验进行时，深圳抛弃香港模式，对标新加坡

2019 年 8 月 9 日，中共中央、国务院出台《关于支持深圳建设中国特色社会主义先行示范区的意见》(以下简称“文件”)，支持深圳建设中国特色社会主义先行示范区，努力创建社会主义现代化强国的城市范例。

这份重磅文件的出台，宣告了一个新时代的到来：

在追逐世界级城市的锦标赛中，深圳和上海成为仅有的两个大赢家。而中央对于深圳的期待，似乎更快、更急。

深圳正在抛弃香港模式，对标新加坡。未来深圳将是全世界观察中国式奇迹的一个窗口。

从 2019 年开始，深圳本质上将不仅仅是行政上隶属于广东省的城市，更是中央布局在广东省的国家实验。

过去，深圳因为香港而生，这一次，深圳将试图找回属于它的名字。

为什么是深圳？

文件释放的第一个信号：深圳即将抛弃香港模式，更多借鉴新加坡。

40 年前，深圳出生的时候，对标的是一水之隔的香港。

那个时候，处于计划经济下的深圳，所有的经济、社会、文化活动，归根结底都是由政治所支配和决定的。

袁庚在蛇口的土地上率先破冰，公开招聘人才、全员合同制、创立股份制商业银行、住房商品化等，吹响了学习香港的第一声号角。

后来，这个因香港而生的城市，如饥似渴地复制香港经验。在有管控的情况下，移植了香港自由市场的很多东西。

最典型的，莫过于房地产。

1987 年 12 月 1 日，深圳学香港搞起了土地拍卖，那可是石破天惊的第一槌啊。作为最重要的生产资料，土地国有化是中国社会主义的象征之一，深圳却开创了使用权出让的历史先河。而且深圳还在房改过程中，从香港那里搬来了预售制、银行按揭贷款、分期付款等。

这一招，彻底激活了中国的房地产市场，也催生了后来神州大地上连绵三十年的“土地财政”。

从行政审批到商事登记制度，从城市规划到公共服务，从政府治理到社会管理，40 年来，深圳的气质跟香港越来越像。

就连最为敏感、最可能引起系统性风险的金融领域，深圳也在对标香港，在前海自贸区探索人民币国际化、外汇管理、资本账户开放的可行性。

但是 2019 年的这一份先行示范区建设方案，直接宣告了深圳全面效仿香港的时代落幕，深圳将更多借鉴新加坡模式。

中央对深圳建设中国特色社会主义先行示范区提出了几个战略定位，依次为“高质量发展高地、法治城市示范、城市文明典范、民生幸福标杆、可持续发展先锋”。

在“法治城市示范”层面，文件提出要“全面提升法治建设水平，用法治规范政府和市场边界，营造稳定公平透明、可预期的国际一流法治化营商环境”，“在党的领导下扩大人民有序政治参与”，“坚定不移推动全面从严治党向纵深发展，持之以恒正风肃纪反腐”……

在城市建设方案中，这种政治性的表述是极为罕见的。关于“法治城市”定位，北京、上海、广州的城市总体规划当中没有提到，粤港澳大湾区、海南自贸港建设方案当中也没有，可以说是深圳的专属定位，是体现中国特色社会主义先行示范区的核心内涵之一。

这不由得令人联想起新加坡。新加坡一直以法治社会著称，人民行动党长期执政，其治理特点是依靠法治而不是政党轮替。虽然政治体制带有威权主义色彩，但在法律面前人人平等，杜绝了“刑不上大夫”现象。在透明国际发布的 2018 年度全球清廉指数排名中，新加坡这个城市国家位列亚洲第一、全球第四。

在“民生幸福标杆”层面，文件提出要构建优质均衡的公共服务体系，建成全覆盖可持续的社会保障体系，实现“幼有善育、学有优教、劳有厚得、病有良医、老有颐养、住有宜居、弱有众扶”。这是对标新加坡的社会福利制度。

由于新加坡政府实行“居者有其屋”政策，80% 以上的新加坡公民住进了政府组屋，当地居民住房自有率超过 90%。

虽然新加坡房价非常贵，但整个城市的经济并没有被房地产绑架，人口活力不至于被房地产搞到窒息。

而深圳为了落实“房住不炒”也推出了第二次房改。2018 年 6 月深圳市住房和建设局对外发布《关于深化住房制度改革加快建立多主体供给多渠道保障租购并举的住房供应与保障体系的意见》，提及 2035 年深圳将筹集建设各类住房 170 万套，其中人才住房、安居型商品房和公共租赁住房总量不少于 100 万套，占比住房供应总量的近 60%。

该意见还规定，人才住房的租金、售价分别为届时同地段市场商品住房租金、售价的 60% 左右。安居型商品房的租金、售价分别为同地段市场商品住房租金、售价的 50% 左右。公租房只租不售，租金为同地段市场商品住房租金的 30% 左右。三种形态的住房各占供应总量的 20% 左右。

文件提出“住有宜居”“建立和完善房地产市场平稳健康发展长效机制、加快完善保障性住房与人才住房制度”的意见，实际上就是仿效新加坡的“居者有其屋”计划，追加认可了深圳提出来的“二次房改”。

在“可持续发展先锋”层面。中央提出，深圳要打造安全高效的生产空间、舒适宜居的生活空间、碧水蓝天的生态空间，在美丽湾区建设中走在前列。这是对标新加坡的花园城市标签。

1949 年，中国人民白手起家，试图将贫穷落后的农业国改造成全世界都羡慕无比的工业化国家，一个代表人类最顶尖文明水平的地方。

后来的历史进程曲曲折折，以至于到今天为止，中国仍然有非常强烈的意愿，向西方文明证明自身制度的优越性。

香港曾是全世界观察“一国两制”的地方，却在中华人民共和国成立70周年的节点上发生“修例风波”。中央笔锋一转，重新在南方“画下了一个圈”：未来，深圳将是全世界观察中国模式的窗口。

中央要在曾经作为小渔村的深圳身上，集中展示社会主义制度的先进性，向全世界证明，中国有能力在一张白纸之上，创造中国式奇迹。

中央对深圳的期待，似乎比上海更急

文件释放出的另一个信号，是深圳将成为中国第二个承载国家意志的全球城市。

未来在追逐国际一线城市的锦标赛当中，深圳后来居上，和上海并列角逐全球经济中心的地位。

放眼全世界，拥有“全球城市”光环的地方寥若晨星。它是全球资源配置和交换的支点，站在了所有城市的最顶端。

目前，只有纽约和伦敦是公认的两大全球城市。新加坡和香港虽然是全球金融中心，但影响全球事务、设置国际议题的能力较弱，存在争议；巴黎、东京则因为金融实力不够强大，也只能算半个。

之前在粤港澳大湾区这个千年大计中，香港的定位是国际金融、航运、贸易中心和亚太区国际法律及争议解决服务中心，澳门的定位是世界旅游休闲中心，广州的定位是国家中心城市以及国际商贸中心、综合交通枢纽。深圳的定位则有点尴尬，“全国性经济中心城市”。潜台词，其实就是区域性的影响力，而不是跨越国别的影响力。

但是，经历过香港“修例风波”后，深圳的地位陡然上升。《关于支持深圳建设中国特色社会主义先行示范区的意见》提出，到2025年深圳经济实力、发展质量跻身全球城市前列；到2050年深圳成为竞争力、创新力、影响力卓著的全球标杆城市。

这是绝无仅有，甚至可以说是超规格的待遇。

自从2017年12月中共中央、国务院批复上海市城市总体规划，上海第一次提出打造全球城市后，这个全球城市序列就一直处于空白期。

北京因为要做减量发展，疏解非首都核心功能，全力打造全国政治中心、文化中心、国际交往中心、科技创新中心，只字不提“发展首都经济”，等于将经济中心的地位让给上海。广州这个千年商都，近年来因为没有抓住产业转型升级的主轴心，发展速度有些落后。

北京受政治上的牵扯无缘“全球城市”，广州则因为经济上的失落与之无缘。[①]

四大城市当中，唯有深圳得到中央的认可，与上海并列为全球城市。未来深圳与上海的竞争，将会极其激烈。

在科技领域，深圳和上海都剑指国际科技创新中心，其中深圳的主赛道是互联网、人工智能、信息技术等，上海的主赛道是芯片、大飞机、智能机器人、海洋工程等先进装备制造业以及生物医药等。

一个以民企为主导，一个以国企为主导。未来究竟是谁成为中国的硅谷，取决于谁能够牢牢抓住下一代技术的大浪潮，率先单点突破形成“护城河”，引领第四次工业革命的下半场。

在金融领域，深圳和上海都在争当人民币国际化的桥头堡。双方在构建多层次金融市场方面，摩擦甚多。

早期深圳把自己当作香港的“后花园”，一心一意融入香港。[②]后来深圳经济蓬勃发展，显露出超越香港的趋势时，深圳的内心深处产生了取代香港地位和经济功能的雄心壮志。

深圳一直以此为目标，藏在“超级联系人”香港的背后奋起直追。不过，中央之前似乎有意把这个历史性进程交给上海实现。

---

① 2018年2月广州公示了《广州市城市总体规划（2017—2035）》草案，里面提出到2035年广州要成为经济实力、科技实力、宜居水平达到世界一流城市水平的活力全球城市。不过草案截至2020年5月还未得到中央批复同意。

② 20世纪，深圳第一次以全市域作为规划区，制定了《深圳市城市总体规划（1996—2010）》。规划中提出，深圳的城市主要职能之一为“与香港功能互补的区域中心城市”。“毗邻香港、依托全国的经济地理位置，将使深圳有更多的机会获得现代工业发展的资金、技术、市场及劳动力要求。因此，在珠三角地区其他城市（广州除外）缺乏特大城市规模条件的前提下，深圳有可能，也必须承担区域制造业基地的职能。”这里强调的便是融入香港。

20世纪90年代，中央批准成立上海证券交易所，这是内地第一家证券交易所，比深圳更早拿到“计划生育的出生证”；上海的浦东新区，是中国第一个国家级新区，开创历史先河；浦东新区没有带“特”字，却比深圳特区还“特”，因为当时深圳经济特区仅开放制造业，浦东新区在全国率先开放服务业。

进入新一轮的改革开放，国家的很多特殊政策也总是最先给上海。2013年上海成为全中国第一个自贸区，2015年深圳才获批第二批自贸区。2014年上海先行先试FT账户，5年后深圳才获准接入FT账户分账核算业务系统。[①]2019年8月6日，上海自贸区实行扩容，临港新片区将对标国际上公认的竞争力最强的自由贸易园区，有望成为中国第一个实质性的自贸港。

历史上，上海唯一滞后于深圳的一次，是经济特区实验。1980年深圳成为第一批经济特区，上海没有入选。但这样做，是有着非常特殊的时代背景的，主要是考虑到上海作为全国最大的工业中心，对于中国来说这张王牌太重要了，牵一发而动全身，不敢轻易冒险。

对此，邓小平晚年就甚为遗憾，“上海开发晚了”。1991年视察上海市，他讲道：“我的一个大失误就是搞四个经济特区时没有加上上海。”

在我看来，深圳能否超越上海，代表中国成为全球经济中心，其实并不完全取决于自己，关键还要看另外两个因素。一个是深圳跟香港的融合关系，两个城市能不能真正一体化发展。另一个，就是深圳跟北京的远近关系，开不开科创板，给不给自贸港，其实都取决于北京的态度。

这个方面，深圳确实有点吃亏。因为深圳离北京实在是太远了，它紧挨着香港、澳门两个资本主义制度地区，向来思想活跃。

---

① FT账户，是指自由贸易账户。根据中国人民银行官网，FT账户是中国人民银行依托自由贸易试验区探索资本项目可兑换、扩大金融市场开放和防范金融风险的一项重要制度安排。该账户按照“一线宏观审慎，二线有限渗透”原则进行收支管理，区内与境外“一线”资金流动在宏观审慎管理基础上实现自由兑换和划转；区内与境内“二线”符合条件的业务资金可以跨境流动。金融机构按照“标识分设、分账核算、独立出表、专项报告、自求平衡”的管理要求，防控资金跨境流动风险。

而上海经受了大半个世纪的考验，已成功被塑造成一个保守稳健型的城市，以至于很多时候，深圳的政策“大礼包”总是滞后于上海。

现在，深圳因为打造“社会主义先行示范区”，第一次跟上海站在了同样的起跑线上。这一回，因香港而“生”的深圳，是否会因香港而“胜”，借机跑赢上海呢？

我们来看一下两个城市建设全球城市的时间表。中央要求上海到 2035 年基本建成卓越的全球城市，具有世界影响力的社会主义现代化国际大都市，到 2050 年全面建成卓越的全球城市。深圳是到 2025 年经济实力、发展质量跻身全球城市前列，到 2050 年成为竞争力、创新力、影响力卓著的全球标杆城市。

从时间上看，深圳比上海早了整整十年。中央对深圳的期待，似乎更快、更急。

会不会扩容吞下东莞？

相比上海，深圳有一个非常大的劣势，就是土地资源严重不足。

深圳全市面积 1997 平方公里，大概相当于北京的 1/10，上海的 1/3，广州的 1/4。其中有一半的面积划入基本生态线禁止和限制开发，剩下一半的土地绝大部分已开发完毕，发展空间很有限，只能靠填海造地和城中村改造来腾挪，各项成本尤其是时间成本非常高昂。

所以很早以前，每隔一段时间民间就会兴起深圳要扩容的传闻，说得有鼻子有眼，不过最后都落空了。

深圳获批社会主义先行示范区之后，有人就说，中央想把深圳做成一个样板工程，就一定会给深圳更多的扶持和政策，这回真有可能划给深圳更多土地。

有的解读更进一步，说深圳扩容后一定会吞并东莞。因为东莞跟深圳已形成了“前店后厂”的关系，很多公司把总部放在深圳，生产制造环节放在东莞。两个城市要是整合起来，产业结构更协调，效果最好。[①]

应该讲，这些说法都有一定的逻辑支撑。但在我看来，深圳短期内扩容的可能性还是非常低的。

过去十年合肥、西安、成都、济南、长春的扩容，除了成都涉及天府国际机场跨市用地问题之外，都具有两个特征。

首先，中心城市实力较弱。中央为了扶持中心城市而调整行政关系。深圳现在已经是一线城市，还没有出现过给强中心扩容的案例。

其次，这些扩容的城市都是省会城市，是中央为了平衡各省实力作出的改动，背后思维还是均衡主义、共同富裕，而不是强上加强，人为拉大差距。深圳扩容有违这个理念。

从流程上来看，深圳不管要吞并谁，中央都会征求广东省的意见。广东省是否心甘情愿地配合和支持，至关重要。毕竟深圳扩容之后，很多工作也需要省里来协调。

就像珠江的几条跨海大桥一样，每次在做工程可行性论证的时候，都有好几种桥隧方案，有的方案利于深圳，有的不利于深圳。广东省在其中居间调停，上传下达，掌握很大的话语权。

而东莞是一个二线城市，不出意外的话，这两年 GDP 就要破万亿，成为中国极少数晋升为万亿俱乐部成员的普通地级市，广东肯定是不愿意放手的。深圳是一个计划单列市，税收直接归口中央，基本上交够中央后剩下就是自己的，对广东的贡献小。惠州的体量虽然较小，但如果将其划归深圳，那么广东省不仅少了惠州一块地，也会少一块税收。

不管“割走”东莞还是惠州的土地，对深圳来说都存在着阻力。因此，最有可能的方案是搞飞地经济，东莞、惠州与深圳合作共建园区，承载深圳的产业转移，这样难度最小，上下都能接受。

2018 年 4 月深莞惠经济圈党政主要领导第十一次联席会议就提出，在

① 深圳正在修建外环高速，相当于深圳的大三环，这条高速公路把东莞凤岗镇的大部分都包进去了，放眼全国都罕见。凤岗已相当于深圳的一部分。

深莞惠经济圈合作机制上，参照深汕特别合作区有关做法，推动在东莞、惠州邻近深圳地区划出一定区域，规划建设跨行政边界的功能协调、产业互补、成果共享的区域协同发展试验区。试验区地区生产总值、税收存量归当地所有，增量部分由三地政府在协商基础上按比例分成，提升中心城市辐射带动作用。实际上已经提前吹风过了。

退一万步来讲，即便未来真的有大变革，最大的受益者可能也不是珠三角的东莞、惠州，而是广东省最弱的城市之一——汕尾。

2011 年，为了拓展深圳的发展空间，带动汕尾跨越式发展，广东省在汕尾海丰圈出一块 468.3 平方公里的土地，设立“深汕特别合作区”，委托深圳、汕尾两市共同管理。

2018 年底，深汕特别合作区党工委、管委会由省委省政府的派出机构，调整为深圳市委、市政府派出机构，合作区正式成为深圳第 11 个区。

特区带老区已经推进了多年，财政分享机制也已基本捋顺。有这样的基础作为铺垫，汕尾入深的可能性比东莞、惠州要高。当然，现在国内外形势变化特别快，不排除为了更好地与世界顶级城市竞争，深圳未来会有大力度扩容动作的可能。

有权限突破上位法

中央给深圳的政策力度，可以说是很大。

本文件提出的各项改革政策措施，凡涉及调整现行法律的，由有关方面按法定程序向全国人大或其常委会提出相关议案，经授权或者决定后实施；涉及调整现行行政法规的，由有关方面按法定程序经国务院授权或者决定后实施。

一般来说，地方上的立法权，只是在上位法的框架内，作出一些边际性改良。上位法仍然是“紧箍”，不可突破。

这一次，中央直接给了深圳调整上位法的机会。这种政策力度，是对海南自贸港、中国第一个实质性自贸港上海临港等特殊经济区域，才会下放的特殊权限。

而深圳不仅是全市范围都拿到了这一权限，还涵盖了政治、经济、社会、民生等所有生态圈。这个“大礼包”的重量，不敢说“绝后”，但可以说是“空前”的。

20 世纪 70 年代，宝安县曾上演过“大逃港”的一幕：在深圳这一边，好些人向往资本主义的香港，冒着生命危险蹚水入港。他们原先所期待的，是抹着忌廉的蛋糕，吹着冷气的沙发客厅……

但 40 年后的今天，他们的下一代可能会因为买不起香港的房子，住劏房、睡铁笼。而那些没有冒险家精神、“留守”在深圳的亲戚，可能因为城中村拆迁，早已资产上亿，开保时捷住千尺豪宅。

这种时代轮回下的玩笑，便是历史的残酷之处。

个体的力量从来都是有限的，只有时代变迁的大浪潮，无可阻挡。

佛山：市本级财力全国最弱，却造就全球最富的城市之一

很多人没有意识到，佛山其实是一个“副一线城市”。因为广东省和广州市，同时在它体内布置了两块飞地，这让佛山显得很不一样。

40 年前，广东诞生了第一块市场经济试验田——深圳。40 年后的今天，小渔村已经换上了一块新的牌子：中国社会主义先行示范区。

有人说，深圳作为计划单列市和经济特区，本质上并不是广东省的城市，而是中央的一块飞地。

所以深圳与广东省的关系，历来就十分微妙，尤其是等到深圳闯入一线阵营，GDP 足以匹敌一省之后，事情就更加复杂了。

它的发展路径和方向，更多地体现中央意志，而不是广东的想法。

或许正因为如此，广东省从很早之前，就在珠江口上部署了一块专属飞地——佛山市顺德区。其财政单列、行政单列，怎么看都像是广东省的第 22 个地级市。

与此同时，与省会无缝对接的佛山市南海区，也早已将自己的经济脉络嵌入老大哥体内，仿佛是为羊城而生的“广州市南海区”。

它们，都是省城权力和经济空间的延伸，这种复杂的地缘关系，不仅把佛山推向全球最富裕城市之一的高位，也深刻影响了粤港澳大湾区的格局。

省府意志的化身

几年前我去顺德调研，遇到当地一位官员，他介绍自己是招商局副局长，听上去来头还挺大。

我一看名片，其实是 ×× 镇招商局副局长，按级别可能只是一位副

股级公务员，换别的地方就是什么“室”、什么“所”，但人家一上来就叫“局长”。

真有意思，镇一级设置招商局，在全国你能找出多少个？

一打听，原来顺德很多镇街下边不仅有招商局，还有教育局、财政局、国土局、卫计局等。我专门数了一下，小小一个区，就有十一个“经济和科技促进局”，俨然一个独立“小王国”啊！

为什么会形成这样一种特殊的局面？答案，还要从历史中寻找。

1992 年南方谈话后，广东转轨市场经济的历史使命更重了。举目四望，谁最适合当第一个打开局面的突破口？当时的深圳虽然站在了时代的前沿，但它是从一个小渔村发展起来的，几乎没什么历史包袱，它的经验并不一定适用所有地方。

所以，广东选择了顺德。一是它同样具有改革锐气，二是庙小冲突少。顺德被捧为全省的“综合改革试验县”，开始积极探索股权制改革。科龙、格兰仕、美的、碧桂园都是从那场产权革命中脱胎换骨的。

1999 年中央提出广东要在全国率先基本实现现代化。广东省再一次把试点的任务交给顺德。顺德上升为实现现代化的试点，并开始列席省委省政府召开的有关会议，省里发文件也会把顺德单列出来。[①]一个县级单位能有这样的待遇，也是绝无仅有！

2009—2011 年，广东相继对顺德实行了行政上、财政上的“省直管”，顺德成为广东省第一个专门的省直管县试点。

它不仅享有极其充沛的地级市权限，而且财政收入直接归口广东省，留存更多了，还不用怕被市一级截胡。

一句话，这块面积不到深圳一半的土地，成了广东省亲自部署、亲自谋划的超级试验田，从这里走出来的经验，经常会被复制到其他地方去。

顺德就是省府意志的化身。它跟北部的南海区一起，奠定了佛山“强

---

① 参见许耀桐、宋世明：《中国地方行政体制改革走向：对广东顺德的分析》，载于《第一资源》2010 年 7 月 31 日。

区弱市”的格局。

而正是这样一种格局，把佛山推向了全球最富裕城市之一的高度。

弱市强区

佛山的富裕，远超一般人的想象。根据2020年胡润全球富豪榜，佛山有19位十亿美元富豪，名列全球第26位。

表3-2 2020年胡润全球十亿美元富豪分布情况

排名	居住地	人数
1	北京	110
2	纽约	98
3	上海	83
4	香港	76
5	深圳	75
6	伦敦	74
7	莫斯科	72
8	曼谷	56
9	孟买	50
10	广州	45
11	杭州	42
12	旧金山	41
13	圣保罗	40
14	巴黎	36
15	台北	36
16	新加坡	35
17	首尔	33
18	东京	30
19	新德里	30

续表

排名	居住地	人数
20	伊斯坦布尔	29
21	洛杉矶	24
22	雅加达	22
23	马尼拉	19
24	悉尼	19
25	达拉斯	19
26	佛山	19
27	日内瓦	19
28	迪拜	17
29	圣地亚哥	17
30	宁波	17
31	班加罗尔	17

数据来源：胡润中国

而放中国内地，它则仅次于北上广深杭，排名第六，比成都（11）、南京（8）、福州（9）这些省会城市要强得多。

表 3–3　2020 年胡润中国十亿美元富豪分布情况

排名	居住城市	人数
1	北京	110
2	上海	83
3	香港	76
4	深圳	75
5	广州	45
6	杭州	42
7	台北	36
8	佛山	19
9	宁波	17
10	厦门	15

续表

排名	居住城市	人数
11	苏州	13
12	绍兴	12
13	成都	11
14	天津	9
15	东莞	9
16	福州	9
17	南京	8
18	烟台	8
19	合肥	8
20	长沙	7
21	重庆	7

明明国民生产总值才排名全国第 17，为何民间财富这么汹涌澎湃？原因，就在于佛山非常独特的发展模式——弱集权。

我们的城市发展向来带有很强的政府主导性，习惯于向上集中，由核心圈层来统一调度。但是佛山却很不一样，它舍得放权。

表 3–4　部分城市市本级财政收入占全市财政收入比例

地区	市本级财政收入（亿元）	全市财政收入（亿元）	市本级财政收入占全市财政收入比例
佛山	226.4	2035.9	11%
无锡	669.9	2358.1	28%
宁波	1316.6	3381.2	39%
广州	1334.2	3013.0	44%

注：市本级财政收入 = 市本级地方一般公共预算总收入 + 市本级政府性基金预算总收入
　　全市财政收入 = 全市地方一般公共预算总收入 + 全市政府性基金预算总收入

数据来源：各市财政决算报告

2018年，佛山市全市财政总收入为2035亿元[①]，跟同一GDP体量的无锡差不多，但是留在市本级的财政仅有226亿元，占全市“钱袋子”的比重才11%，而无锡却有28%，宁波、广州更是高达39%和44%。

这在全国大城市当中是非常罕见的。2013年中山大学政务学院副院长倪星在佛山调研时就指出：“目前，市本级集中的财力在10%，可能在全国都是最低的。”

回想1983年佛山刚设立地级市时，主城区仅有祖庙、石湾一带，面积77平方公里，可谓弹丸之地。而周边的顺德、南海等地，全部都是相对独立的“县”，不管经济还是人口，显然都要强很多。

进入20世纪90年代，顺德、南海、三水、高明先后撤县设市。到了2003年，它们撤市设区，被吞并进大佛山后，仍然有很强的地方主义观念。

这时候，佛山的做法令人跌破眼镜，它不是通过“官大一级压死人”来收权，而是索性分权到底。

它在行政上简政放权，财政上逐级下沉，把很多审批权限和支配权都慢慢放给了基层。据《佛山日报》报道，2018年全市90%以上行政许可、公共服务事项都下沉至区、镇一级。

一般来说，一个权力向上集中的城市，国有经济会比较强。因为市一级掌控庞大的资源后，会倾向于扶持自己的“亲儿子”，地方国企近水楼台先得月，发展起来也就一骑绝尘。

广州就是一个很明显的例子。虽然这里也诞生了雪松控股、唯品会、富力、网易等民营巨头，但同时它也有广汽、广医药、广晟、广新、越秀、广钢等国企“大佬”。全市排名前20的企业当中，入围的民企只有5家，其他均是国企/央企。国资掌控了汽车制造业、重化工等本土支柱产

① 地方财政收入有四本账，包括一般公共预算总收入、政府性基金总收入、国有资本经营预算总收入、社会保险基金预算总收入。这里指狭义财政概念，为地方一般公共预算总收入加上政府性基金预算总收入。一般公共预算总收入等于一般公共预算收入、上级补助收入、动用预算稳定调节基金、调入资金、上年结余等项目之和。政府性基金预算总收入同理。

业的命脉。

反过来讲，一个权力向下分散的城市，本土民营经济一定会很活跃。因为基层享有更大的财力和自主权之后，就不用事事跑到市里边去要审批、要钱了。这非常有利于当地“放水养鱼”。

由于信息不对称，向上集权的模式通常有两个弊端——一是审批效率慢，二是资源配置容易出错，阻碍了民营经济的激活与培育。

而向下放权后，基层干部天然与那些草根企业家走得很近，彼此知根知底，不仅决策快，用力也更精准，可以更好地推动本土民营经济发展壮大。

很多人没有留意到，今天顺德、南海的 GDP 双双突破 3000 亿元，稳稳的全国县域经济十强。但是顺德诞生了两家世界五百强企业——碧桂园和美的，而南海的企业连中国五百强榜单都进不了，只能入围第三等级的榜单——中国民营企业 500 强。

南海头部民企佛山市兴海铜铝业有限公司 2019 财年的营收为 342 亿元，而顺德两个头部民企的营收是其 7 倍以上。

为什么都是“广东四小虎”，而且几乎在同一时间起跑，却只有顺德培育出了世界五百强企业？

表 3–5　2019 年中国民营企业 500 强佛山榜单

排名	企业名称	营收（亿元）	区位
7	碧桂园控股有限公司	3790	顺德
16	美的集团股份有限公司	2618	顺德
246	佛山市兴海铜铝业有限公司	342	南海
282	美的置业集团有限公司	300	顺德
360	广东联塑科技实业有限公司	237	顺德
404	利泰集团有限公司	217	禅城
415	广东格兰仕集团有限公司	212	顺德

来源：全国工商联

这可能不是一种偶然。

历史上，南海不是广东省的飞地，佛山对其放权没有像对顺德那么早、那么彻底。持续一两年可能看不出什么，而拉长到三十年来看，顺德的企业肯定有更大的概率跑得更快、更远，因此也算是偶然中的必然了。

得益于这种向下分权的模式，佛山走上了内生增长的道路，不用像苏州那样太过于依赖于外资，本土企业就能成长为经济增长的主体。

表 3–6　2019 年胡润中国 500 强民营企业城市分布

排名	总部所在城市	上榜企业数量
1	北京	101
2	上海	67
3	深圳	63
4	杭州	30
5	广州	27
6	苏州	10
7	成都	9
7	南京	9
9	合肥	8
9	绍兴	8
11	佛山	7
11	厦门	7
11	烟台	7
11	福州	7
15	宁波	6
15	长沙	6
17	嘉兴	5
17	温州	5
17	武汉	5
20	重庆	4
20	东莞	4

续表

排名	总部所在城市	上榜企业数量
20	青岛	4
20	天津	4
20	郑州	4
20	中山	4
20	珠海	4

数据来源：胡润中国

2018年佛山民营经济增加值占地区生产总值比重达62.5%，同期杭州是60.5%、重庆50.7%、成都48.7%、南京46.4%、天津45.5%、武汉42.7%。2019年佛山有7家公司进入中国500强民营企业榜单，排名全国第11名。

佛山“放水养鱼”的成果从数据上得到了印证。

这些活跃的草根民企，在市场经济的大浪潮中学会自我求生，具有强劲的竞争力，从而也推动了佛山晋升为全球工业大市。

数据显示，2018年佛山工业增加值达4590亿元，超过北京、青岛、杭州、南京、长沙等传统大市，排名全国第11名。

融入广州

放眼全国，很少有比佛山更特别的城市了。这里除了是省府的势力范围，隔壁的超级城市广州，也在“觊觎”它的地盘。

从地理上看，广州市政府与佛山市政府之间的距离，只有区区20公里，相当于杭州市政府到余杭区政府、上海市政府到宝山区政府的距离。这是非常罕见的地理格局。

随着城市规模的不断扩张，广佛就像地壳运动中的两个板块一样不断碰撞，在连绵200公里的接壤地段上，各类生产要素加速流动和交换。最后，终于隆起了一个“广州市南海区”。

南海区同时与广州花都、白云、荔湾、番禺四个区接壤。政治上属于佛山，经济上却属于广州。不管是工业还是服务业，它都完全嵌入了广州体内。

在制造业方面，广州是中国汽车之都，包揽了本田、丰田、日产三大日资车厂。多年前南海便看中这一点，作出了“广州整车、南海汽配”的战略布局，与广州共同托起了一个万亿规模的汽车产业集群。

国产化率是汽车制造业的生命线。如果一辆汽车的零部件国产化率迟迟达不到足够高的水平，只能依靠海外进口维生，跨国公司一定会跳脚搬走工厂。所以广州能够成为全国三大汽车之都之一，南海作出了重要贡献。

当然，南海并不满足于做个“丫鬟”。对它来说，爱信精机、丰田纺织、富士离合器、旭硝子汽车玻璃等世界 500 强汽配企业只是一个起点。

借助于雄厚的汽配实力，南海在 2013 年成功引入一汽大众，圆了“整车梦”。2017 年又引入了长江氢动力，成功进入新能源汽车领域。这真是一个完美的三级跳故事。今天，汽车及相关制造业已经成为南海最重要的支柱产业。

在服务业方面，2007 年广佛地铁沿线的千灯湖挂牌成立了广东金融高新区，这是广东唯一的省级金融后台服务基地。当时的定位很清晰，就是“广州前台，南海后台”。

法国凯捷、广发、汇丰环球、沃银支付、毕马威纷纷从广州跑来这里落户，千灯湖一跃成为国内规模最大的金融后援基地。没有广州的转移输出，南海原本几近一张白纸的金融服务业不可能发展得这么快。

不过说实话，服务外包还是比较低端的，不能大力拉动 GDP 增长。所以，南海在这个基础上又开始往“前台”延伸，试图从金融后援基地变成产业金融中心。经过多年努力，广东金融高新区引入了 IDG 资本、深创投等 602 家基金类机构 / 项目，募集资金总额超 726 亿元，为当地制造业的扩张输送了宝贵的“弹药”。

南海就是这样，先把自己融入广州产业链的上下游，从配角一步步做起，再谋求转型升级，实现经济的大爆发。若不是广州的辐射带动，南海绝不会是现在这个模样。

今天的南海与广州的行政界线早已模糊。不仅河网水系、公路网络相互贯通，还有全中国第一条跨城地铁广佛地铁线，串接起南海心脏与广州市区。

从本质上看，南海更像是广州市的第 12 个区。只要广州强盛，南海的命运也会跟着上扬。

一座超级城市冉冉升起

顺德和南海都是省城权力和经济空间的延伸。这两块飞地的存在，把佛山解构得“七零八落”。

表 3–7　2019 年佛山市各区 GDP 排名

排名	区域	GDP（亿元）
1	顺德	3523
2	南海	3176
3	禅城	1920
4	三水	1258
5	高明	871

2019 年，佛山的政治中心禅城区实现国民生产总值 1920 亿元，远比顺德的 3523 亿元、南海的 3176 亿元要弱。

不过，这两块飞地也让佛山成了隐形的“副一线城市”，拥有了超越普通地级市的能量，为佛山的发展打开天花板，推动佛山从极其惨烈的区域竞争中突出重围，成为当今中国最强的地市之一。

当前，广州的三大产业比例为 1.06∶27.32∶71.62，而佛山的是 1.5∶56.5∶42。很多研究报告指出，广佛产业存在高度互补性。

一方面，广州三大支柱产业之一的重化工，为佛山就近提供了钢板、乙烯等原材料，帮助佛山成为“中国家电之都”“中国塑料建材之都”。另一方面，佛山强大的制造业基础，也支撑广州成为区域性的金融中心，发达的服务业中心。[①]

佛山和广州的命运相互勾连，谁也离不开谁，可以说是一荣俱荣、一损俱损的命运共同体。

这座城市的走向，在广州能否重夺中国第三城的历史进程中扮演了非常重要的角色。

今天，广佛正在修建一条时速160公里的环形城际轨道。它几乎把广佛最重要的平台都串联了起来：

广州南站（全国客流量第一高铁站）

广州大学城（华南人才高地）

广州智慧城（广州产业高地）

琶洲（互联网总部）

广州金融城（金融总部）

广州白云机场（客流量全球第十三名的机场）

狮山镇（全国第二强镇）

佛山西站（广东重要高铁枢纽）

佛山新城（中央商务区）

北滘镇（碧桂园、美的两家世界五百强总部）

广佛环线建成后，从佛山中央商务区到广州南站只需10多分钟，到广州天河商务区不到30分钟。

两个特大城市的心脏如此紧密地贴在一起，放在全球来说恐怕都是绝无仅有的，日本最强的东京—横滨都市圈都做不到这一点。

未来，这条城际轨道所围起来的地方，可能会构成广佛大都市区的“市中心”。

一座新的超级城市，正在冉冉升起。

---

① 参见陈鸿宇:《“广佛都市圈”的形成和发展动因分析》，载于《广东经济》2006年1月15日。

东莞：全国最丑的大城市

在中国经济25强城市当中，东莞绝对是最丑的城市。

经过四十年的努力，东莞终于成功把自己建设成了一个“大农村”。当你走遍这里每一寸土地，你会发现东莞这个货车之都，到处都是城乡接合部的画风。我从来没见过一座经济强市，市容界面能够糟成这样。

通常来讲，生活品质感较差的城市，房价会上不来。但就是这样一座大县城，房价却神奇得很。

最为边缘的凤岗镇，GDP才394亿元，但新房均价已经3万多元，比肩苏州最贵的经济中心工业园区。

默默无名的塘厦镇，均价2.4万元，微胜广州的国家级新区南沙。

造羊毛衫的大朗镇，均价2.4万元，“吊打”成都的先进制造业基地天府新区。

遍地铁棚工厂的长安镇，均价3.1万元，碾压武汉所有核心区……

一个有数百万打工仔的世界工厂，凭什么这么彪悍？难道农民工朋友们到了中国最富的广东，也跟着秒变土豪？

这些奇怪现象，其实可以从今天发生在粤港澳大湾区的颠覆性变局中找到原因。追求全球城市的深圳正在张开庞大的触角，将东莞纳入它的辐射范围。

一体化的大幕徐徐拉开了。

极为罕见的行政区划

从广州驱车进入东莞，不管从哪一条大桥下去，迎面看到的，基本都是低矮的电线杆、四五层高的农民房、轰隆隆的大货车。

一般来说，城市与城市交界的地方，市容都会比较差，这很正常。但是当你深入东莞的繁华地带时，你仍能够欣赏到上述的“魔幻大片”。

长安镇是东莞目前经济最发达的地方，算是经济中心之一。在双向八车道的太安路两边，尽是铁棚工厂、小作坊。

南城街道是东莞的政治中心。在环球经贸中心大厦的背后，一条街隔开了两个迥然不同的天地，左边是城中村，右边是 CBD。“纽约曼哈顿”与“孟买贫民窟”同处一框。

在东莞，生产功能区和居住功能区犬牙交错。很多住宅小区孤单单地矗立在那里，被货车、电线杆、握手楼所包围。城市级的小区，经常是搭配县城级的配套设施，两者魔幻交融。

为什么东莞会形成这样的局面？是东莞很穷，没有钱搞基础建设吗？

不是的。从财政收入来看，东莞的一般公共预算收入 649 亿元，排名全国第 25 名，跟西安、福州这些省会城市差不多。东莞肯定不是没钱搞建设。

表 3–8　2018 年一般公共预算收入前 30 名城市

排名	城市	一般公共预算收入（亿元）
1	上海	7108
2	北京	5785
3	深圳	3538
4	重庆	2265
5	苏州	2120
6	天津	2106
7	杭州	1825
8	广州	1632
9	武汉	1528
10	南京	1470
11	成都	1424
12	宁波	1379

续表

排名	城市	一般公共预算收入（亿元）
13	青岛	1231
14	郑州	1152
15	无锡	1012
16	长沙	879
17	厦门	754
18	济南	752
19	沈阳	720
20	合肥	712
21	大连	704
22	佛山	703
23	西安	684
24	福州	680
25	东莞	649
26	烟台	636
27	南通	606
28	昆明	595
29	潍坊	569
30	常州	560

数据来源：各市财政决算报告

最重要的原因，是东莞的行政区划非常特殊。全中国 960 多万平方公里的疆土上，东莞是少数几个不设区县的直筒子市，市之下直接就是镇街。

20 世纪 80 年代，在设立地级市之前，东莞本身就是一个县级市的规模，管辖范围只有巴掌大，再被分成 32 个镇街[①]，每一个镇街的面积就非常小了，很难去做集中规划。

打个比方，东莞市政府如果要求虎门镇不要招商引资搞那么多工厂，专心建成睡城来承载中心城区的居住需求，虎门肯定会闹别扭。因为整个

① 南城、东城、莞城、万江 4 个街道，属于东莞的中心城区范围。其他均为镇。

镇就那么大，居住用地过大会挤压到工业用地，不搞生产就没有 GDP 和税收，在中国“GDP 挂帅”的现实情况下，地方干部可能就升不了官，换谁都不会干。

只有像广州的番禺、黄埔这类面积很大的行政区，才有可能分得开：这一大片土地全部都是盖住宅，另外一头还有大量的剩余土地，可以连片开发成工业园，两者和谐共处。东莞可做不到这一点。

早期东莞从搞“三来一补”起步，村村点火，家家冒烟，一跃成为世界工厂，出口大量的手机、玩具、羊毛衫……

在这样一个地方，能腾挪出块地就不错了。盖房那都得见缝插针，很少有连片的土地可以用来开发，也就很难去集中规划城市功能板块。

所以，说到底还是顶层设计问题，东莞特殊的行政区划决定了这座城市的市容一定会丑出天际线。

这几年，除了中心城区通过拆迁改造有所改善之外，其他地方的市容基本都比较差，生产跟居住混在一起。我经常跟别人开玩笑说，在东莞买房，方圆五十米的范围内要是没有一个工厂，你都不好意思说自己买的是东莞房。

这就是东莞特色。

深圳人降维打击

2019 年 7 月，整个东莞二手房均价达到 1.6 万元，秒杀副省级城市成都、万亿俱乐部成员无锡、国家中心城市郑州和西安。

这个市容惨到天际线的普通地级市，房价凭什么这么彪悍？

要知道，东莞人口的平均年龄只有 34.7 岁，是中国第二年轻的城市。超过七成的外来人口中，有大量是生产线上的厂妹、快递小哥……

难道这个年轻群体的购买力，比成都、无锡的白领们还要强？

答案显然不是。造成这种局面的第一个原因，是南边出现了一座超级城市——深圳。

今天的深圳，土地实在太紧张了。鹏城的人口密度全中国第一，每平方公里6522人，是北京的4.9倍，广州的3.2倍，上海的1.7倍。

表3–9　2018年部分城市人口密度

城市	人口（万）	面积（平方公里）	人口密度（人/平方公里）
深圳	1303	1997	6522
上海	2424	6341	3823
东莞	839	2465	3404
汕头	564	2199	2565
厦门	411	1701	2417
佛山	791	3798	2083
广州	1490	7434	2005
无锡	657	4627	1420
郑州	1014	7446	1361
北京	2154	16407	1313
天津	1560	11917	1309
武汉	1108	8569	1293
南京	844	6587	1281
苏州	1072	8657	1239
成都	1633	14335	1139
珠海	189	1736	1089
海口	230	2289	1006
西安	1000	10097	991
济南	746	7998	933
宁波	820	9816	836
青岛	939	11293	832
石家庄	1095	13504	811
南昌	555	7195	771
合肥	809	11496	703
长沙	815	11816	690
福州	774	11788	657

续表

城市	人口(万)	面积(平方公里)	人口密度(人/平方公里)
沈阳	832	12860	647
太原	442	6909	640
贵阳	488	8043	607
杭州	981	16596	591
重庆	3102	82370	377
南宁	725	22099	328
昆明	685	21473	319
兰州	375	13086	287
乌鲁木齐	351	14216	247

数据来源：根据各市统计年鉴计算

这里土地开发强度逼近 50%，远超 30% 的国际警戒线。剩下的又多是山林湖泊等生态用地，禁止和限制开发。

因此，深圳几乎无地可用。像龙岗区这个制造业重镇，根据深圳市龙岗区发展研究中心的数据，其 388 平方公里辖区范围内，剩余可建设用地共 5.74 平方公里，符合供地条件的仅 2.1 平方公里。

2019 年 8 月，中央决定在深圳建设社会主义先行示范区的时候，还有一些人为深圳担忧，这个土地魔咒，会不会让深圳“香港化”？

幸运的是，深圳有东莞这个“后花园”。

面对土地资源的瓶颈，急不可耐的深圳早已悄悄布局。它展开庞大的触角，拿下毗邻的三分之一东莞：

深圳取消了跟东莞连通的绝大多数高速公路收费；深圳和东莞都在积极地规划跨城地铁相连，而且不是小打小闹地对接，是 360 度全面对接，到 2035 年两市共有 10 条地铁线路衔接；深圳市人才安居集团砸下重金，在东莞临深片区拿地建设人才住房，把深圳人的保障性住房，盖到别人家的城市去……

当北京跟河北燕郊之间，还留有长长的农村隔离带时，深圳跟东莞早已模糊了行政界线，双城生活触手可及。

从 2015 年开始，便有大量“深圳客”跑到东莞置业，买下半个东莞的房子。东莞房协研究数据显示，2015 年东莞楼市成交 1000 亿元，其中深圳客户贡献了至少 60% 的成交量。临深的松山湖、凤岗、大朗、塘厦、大岭山、黄江、清溪，“深圳客”占比更是高达七八成。

这可是来自一线城市的购买力啊！

本土民营经济的崛起

东莞房价贵的第二个原因，是这座城市正在从香港人的东莞、台湾人的东莞，变成东莞人的东莞。

东莞经济起步的根源为外资及港澳台资，尤其是港资和台资。1998 年全市外商、港澳台商投资工业企业数量占比全市仅为 15.31%，此后逐年攀升，到了 2008 年已超过 51%。在 2008 年之前，外资、港澳台资企业贡献了东莞工业总产值的六七成。

表 3–10　东莞工业企业数量

年份	全市工业企业数	外商、港澳台商投资工业企业数	外资、港澳台资企业比例
1998	16406	2511	15.31%
1999	16877	3358	19.90%
2000	16975	3610	21.27%
2001	18094	4791	26.48%
2002	21313	11737	55.07%
2003	21935	11927	54.37%
2004	22156	10872	49.07%
2005	21868	12234	55.94%
2006	22447	12461	55.51%
2007	22587	12569	55.65%
2008	22697	11660	51.37%

数据来源：东莞统计年鉴

表 3–11　东莞市外资、港澳台资工业企业产值情况

年份	全市工业企业总产值（万元）	外商、港澳台商投资工业企业产值（万元）	外资、港澳台资企业产值占比
2004	36836125	27222017	73.90%
2005	44700346	31064163	69.49%
2006	55297003	37829510	68.41%
2007	66678555	46149272	69.21%
2008	72223826	49739702	68.87%

数据来源：东莞统计年鉴

它号称世界工厂，但更准确地说，是站在全球产业链条底端的世界加工厂，纺织服装、食品饮料、家具玩具等劳动密集型产业占了很大比重。

那个时候，东莞就是给香港人、台湾人打工的城市。[①] 投资方捞得盆满钵满，东莞人就赚点辛苦加工费。这样的经济结构，注定了东莞的人群打工的多，当老板的少。

经历过美国金融危机后，东莞意识到要减少经济波动，就必须摆脱对外部经济的过度依赖。于是，东莞开始大规模地“腾笼换鸟”，发展民营经济。

自 2010 年开始，东莞大力推动外资转内资，“三来一补”转企。2014 年又来个大规模的“机器换人”，投入使用工业机器人 8000 台以上，本土企业的生产效率大为提高。

不仅如此，东莞还借力打力，站在了巨人的肩膀之上。深圳由于发展空间有限，不断地往东莞进行产业转移。东莞在电子信息、新材料、新能源、先进装备制造产业上自我更新的内部力量，与来自深圳的外部力量相触碰，形成了“深圳科技 + 东莞制造、深圳资本 + 东莞智造”的新格局，

① 截至 2018 年底，东莞有 13176 家外商、港澳台商投资企业，港资企业 7593 家，台资企业 3780家，合计占外资、港澳台资企业总数86.3%。港资是东莞的第一大外部投资。截至2018年7月，东莞累计吸收合同港资 576.9 亿美元，占东莞全市的 61.5%，累计吸收实际港资 438.1 亿美元，占东莞全市的 56.6%。台资是东莞的第二大外部投资，历年累计合同利用台资 212.86 亿美元，实际利用台资 200.29 亿美元。

爆发出了非常强劲的合力，东莞获益良多。

像 1997 年以后，东莞在资本市场上连续十年处于真空期，没有一家企业上市，而 2017 年，东莞一年就诞生了 10 家上市公司。截至 2019 年底，东莞有上市公司 49 家，后备上市公司 187 家。

2018 年，东莞实现出口额 7956 亿元，出口依存度为 96%，高于苏州、深圳，排名全国第一。

虽然说，今天东莞仍是全国最为外向型的城市，但伴随着本土民营经济的发展，东莞的贸易结构也发生了巨大变化。原来东莞的加工贸易占到整个外贸业的 98%，现在一般贸易已超过了加工贸易，占比 50% 以上。

今天的东莞，民营经济增加值已占 GDP 半壁江山，贡献了七成税收、八成技术创新成果和九成企业总数，培育出了大量的企业家、老板，本土高净值人群越来越多。

这些人，都是东莞房价的强大支撑力。

就像前文所分析的那样，浙江省的 GDP 和人口实力长期落后于江苏省，但浙江省 11 个城市全部都能挤入房价 50 强，甚至有 8 个城市进入了 32 强，这种硬核实力江苏省根本望尘莫及，问题就出在经济结构上。

以苏州为代表，这座城市入驻了大量外资企业，强力托起了苏州，但富的更多的是外资股东，而不是中方工作人员。所以江苏的整体购买力，就不如民营经济极为发达的浙江省。

同样的道理，当东莞的民营经济强势崛起之后，这座城市开始藏富于民，给楼市持续注入了支撑力。

总结起来，一线城市的购买力叠加上二线城市的购买力，内外双轮驱动，共同构成了当前东莞楼市的两大引擎。

另外，这几年东莞推行“城市更新”，将松山湖、南城打造成“美丽东莞”，地铁、公园、市民中心等各项配套都上去了，城市品质有所改善，也为楼市添了一把火，房价焉能不贵？

深圳最顶尖的一块飞地

从地理位置上来看，东莞北接广州，南连深圳，这个区位优势非常优越。放眼全中国，能同时被两个一线城市所包围的，唯有东莞。

当然，这个特征也注定了东莞的发展逻辑，不单单是由自身所决定的。

按照常理来说，东莞夹在广州和深圳之间，应该会同时接受到广州和深圳的辐射。但是现在临广一片的镇街，不管是人口规模，还是 GDP 和房价，都要比临深一片的镇街弱很多。

今天东莞最强的几个镇街，虎门、长安、松山湖①都是在临深一带，2018 年 GDP 均突破 600 亿元。而临近广州的镇街普遍只有一两百亿的经济体量，相差很多。

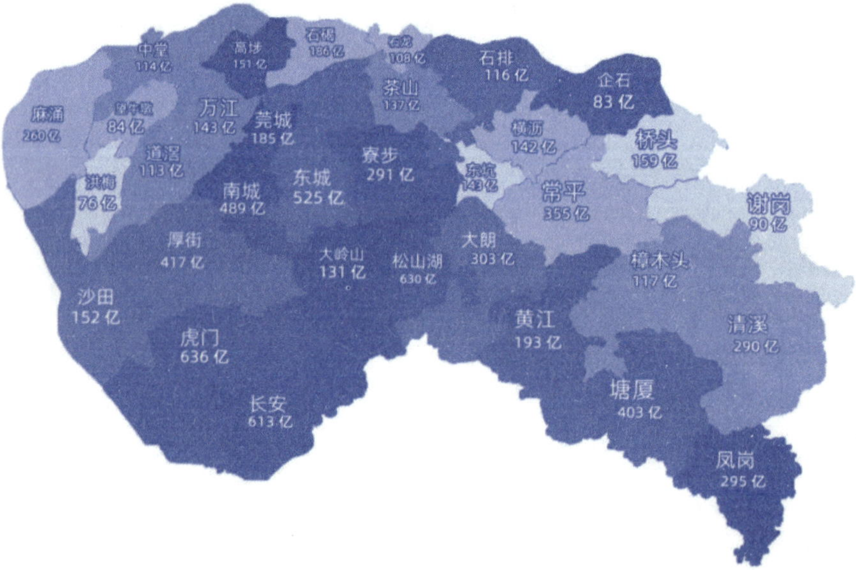

图 3–1　2018 年东莞市各镇街 GDP 情况

数据来源：根据公开资料整理

① 2001 年 7 月，东莞在城市几何中心区域，也就是大朗、大岭山、寮步三镇之间划定了一块新区域，建立松山湖科技产业园。松山湖属于东莞的经济功能区。

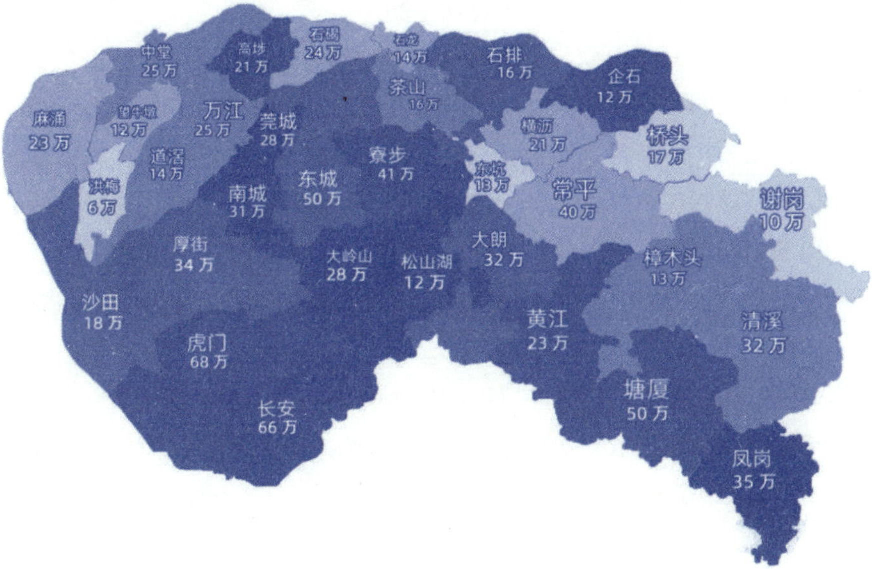

图 3–2　2018 年东莞市各镇街人口分布

数据来源：根据公开资料整理

经过四十年的发展，临深一带成了东莞人口集聚度最高的地方。2018年虎门、长安、塘厦的常住人口都有五六十万，而临广一带的镇街基本都在二十万上下。

房价也是差不多的情况。

这说明深圳对于东莞的辐射，远比广州要强。这十年来，深圳不断崛起，一步步超越广州和香港成为超级城市，使得临深一片带有强烈的深圳烙印。

受制于有限的土地空间、高昂的办公生产成本，一直以来不断有深圳企业迁移到东莞。这些“逃离”深圳的企业，多数布局在临深一带，比如松山湖、长安、虎门、凤岗等。

以松山湖为例。近年来，松山湖吸引了大疆创新应用级无人机、光启、中集集团等深企落户，逐渐发展成一个高科技产业中心。

其中最出名的应该算是华为终端。2016年起，华为陆续将手机的研发和制造环节迁移到松山湖，在这里生产P系列、Mate系列和保时捷系列等高端旗舰机。目前华为有50%的高端手机从松山湖南方工厂发出来。

深圳要素的不断涌入，极大推动了松山湖的发展。税收上，2005年松山湖的税收总额仅有7000万元，2018年达到170多亿元，增长了200多倍。其税收总量和增量均排名全市第一，成为东莞经济发展的重要增长极。

经济总量上，2016年松山湖GDP仅有386亿元，2018年一下子就跳到了630亿元，比第一名的虎门和第二名的长安仅仅少了三五个亿。它的崛起，彻底改变了长期以来虎门和长安“双雄争霸”的格局。

这块深圳布局在东莞的最顶尖飞地，成为东莞今天最耀眼的城市名片。展望未来，松山湖绝对会成为东莞的经济中心。

张五常的“狂言”

当前东莞有五大支柱产业：电子信息、电气机械及设备、纺织服装鞋帽、食品饮料、造纸和纸制品业。

电子信息是东莞的第一大支柱产业。2018年东莞生产的智能手机出货量达3.35亿台，占全球出货量的23.8%。也就是说，全球每4部智能手机就有1部来自东莞。“东莞塞车，全球缺货。”

在《粤港澳大湾区发展规划纲要》当中，中央明确提出要加快发展先进制造业，提升国家新型工业化产业示范基地发展水平，以深圳、东莞为核心在珠江东岸打造具有全球影响力和竞争力的电子信息等世界级先进制造业产业集群。

电子信息产业也是广州的支柱产业之一，为什么不是以东莞和广州为核心打造世界集群，而是以东莞和深圳为核心？

原因很简单，相比深圳来说，东莞和广州的产业融合度并不算高。深圳与东莞形成了“前店后厂”的关系。很多企业把总部、研发放在深圳，把生产环节安在东莞，两个城市的关系非常紧密。

像东莞最大的电子信息产业，其实就是跟深圳一起发展起来的，有的是给深圳的龙头企业做配套，有的是给深圳的研发设计企业生产整机，有的是与深圳共享供应链金融。双方的产业结构同频共振。

深圳还在不断地膨胀。这个准宇宙中心的崛起，正在全面重塑东莞的内核，改变东莞的发展逻辑。在一体化的催化下，深圳跟东莞慢慢变成了一个城市。

回想二三十年前，深圳与香港形成“前店后厂”的关系，香港是“店”，深圳是“厂”。如今这种时空关系往北平行推进了三十公里，移植到内地，变成了深圳与东莞形成“前店后厂”。

之前深圳只是香港的附庸，如今深圳发展出属于自己的附庸。大湾区就是这样，总会发生剧烈且深刻的大变迁。

如今，深圳加上东莞的GDP高达36409亿元，逼近上海的38115亿元。未来“深莞”与上海之战，到底会鹿死谁手？中国第一大经济强“市”，到底是出现在长江出海口，还是珠江出海口？

2019年4月20日，素有“狂生”之称的经济学家张五常在“大湾区与深圳的未来”高峰论坛上发表了一番惊人预判：八年后，深圳一带会超越美国的硅谷；假以时日，深圳一带将会超越上海；有朝一日，深圳会成为整个地球的经济中心。

张五常的理由之一，是“东莞就在隔壁”：

> 东莞不是一个普通的工业区，不是温州那样专于小商品，不是苏州工业园那样名牌满布，不是阳江那样专于一两项行业。东莞是无数种产品皆可制造，而且造得好、造得快、造得便宜。我认识不少在东莞设厂的朋友，非常相熟的一个造玩具，一个造模具，一个造餐具，一个造展出架。他们做得辛苦，但从他们那里知道，在东莞，厂与厂之间，厂与山寨之间的互相发放的方便是我平生仅见。我也对昆山这个大名的工业区有点认识，因为先父遗留下来的抛光蜡厂是在昆山。昆山多是台湾客，厂家一般专于自己的名牌，但论到行业的多元化与

工作的互相发放的方便，东莞冠于地球应该没有疑问。

我肯定地推断深圳将会超越硅谷，主要是硅谷没有一个像东莞水平的工业区。不仅今天没有，永远也不会有。今天，东莞一间工厂专业员工的最低包食宿的工资，约为美国西岸不包食宿工资的三分之一，而东莞的工业最低市价工资是远高于我也知道的江西与河南等地——高一倍多。这是地理的位置之别使然。[①]

三十年前，张五常曾推断上海的经济将会超越香港，很多人觉得不可能，后来的历史证明他是正确的。

“今天我推断深圳一带会超越上海。困难重重，但假以时日，我应该对。”这个喜出狂言的老人家，似乎总有超越常人的精准判断力。

① 参见张五常：《深圳是个现象吗？》，载于张五常新浪博客 2019 年 5 月 23 日。

澳门：中央正在下一盘大棋，澳门的未来不是拉斯维加斯

澳门正在迎来它的高光时刻。

1535 年，澳门开埠。此后澳门沉沉浮浮几百年，从一个偏僻的小渔村，到南中国的贸易中转港，再到世界第一大赌城，它始终摆脱不了土地的魔咒。

如今，有强大的祖国作为后盾，澳门正以全球博彩中心的身份向（区域性）金融中心发起了冲刺，从“东方拉斯维加斯”转变为一个类似于“下一个新加坡”的存在。这一步棋的历史性意义，超乎所有人的想象。

未来，这座只有 66 万人口的“小”城市，将推动粤港澳大湾区成为世界级的科创中心。中国的“硅谷梦”，又往前走了一大步。

在回归二十多年后的今天，澳门走向一个彻底重塑的临界点。如能成功，相当于再造一个澳门。

中国第五个资本市场

2019 年 10 月，广东省地方金融监督管理局党组书记、局长何晓军在出席“第八届岭南论坛”时表示，澳门证券交易所方案已经呈报中央，希望能够将其打造成人民币离岸市场的“纳斯达克”。

中国第五个资本市场呼之欲出。

这是一个纳入《粤港澳大湾区发展规划纲要》的战略性任务，剑指“中国版纳斯达克”。它的出世，将对全国的金融格局产生深远影响。

长期以来，国内上市制度主要还是审批制。企业 IPO，不仅看公司实力，还要拼公关能力，所以一直有“堰塞湖”的存在，排队时间较长。

作为中国最发达的省份，广东有 4.5 万家国家级高新技术企业，但上

市公司只有 600 家，占比 1.8%，直接融资渠道受限。

在间接融资渠道方面，大量的科创企业也由于缺乏有形资产，无法取得担保和抵押，在银行里拿不到贷款。这些因素，都成为大湾区崛起的拦路虎。

而即将出世的澳门证券交易所，便是要利用资本主义的特殊空间载体，做成注册制的证券市场，给大湾区的科创企业提供一个融资平台。

这无疑会彻底改变澳门与内地的经济关系。

历史上的澳门，就像是一个黑洞，吸纳了内地本可以用来投入再生产的资本。那些浙江老板、广东富豪通过炒房、卖手机、分红赚来的钱，有许多都拿到这里一掷千金，流入了赌场的口袋。而最终通过澳门外商投资回流到内地的，体量很小，跟港资根本没法比。

2018 年澳门在内地投资累计金额为 155.2 亿美元，香港是 10992 亿美元，澳门投资额仅相当于香港的 1.4%。

一句话，澳门吞纳很多，输出很少。

而且澳门制造业基础薄弱，融入不了内地工业体系的链条；没有矿业，成不了内地原材料的供应地；人口规模又小，无法消化内地过剩产能。

所以，从经济的角度看，澳门与内地更多是一种平行关系，而不是辐射与被辐射的交叉关系。

这也是 40 年前深圳和珠海同时作为经济特区起跑，到了今天珠海仍是一座小城的原因。就是因为双方的辐射源头不一样。

尽管2018年澳门人均GDP高达8.6万美元，排名亚洲第一，世界第二，堪称全球最富有的地区。但是若没有澳门交易所的话，澳门的富，更多是一种内部的、封闭的富。

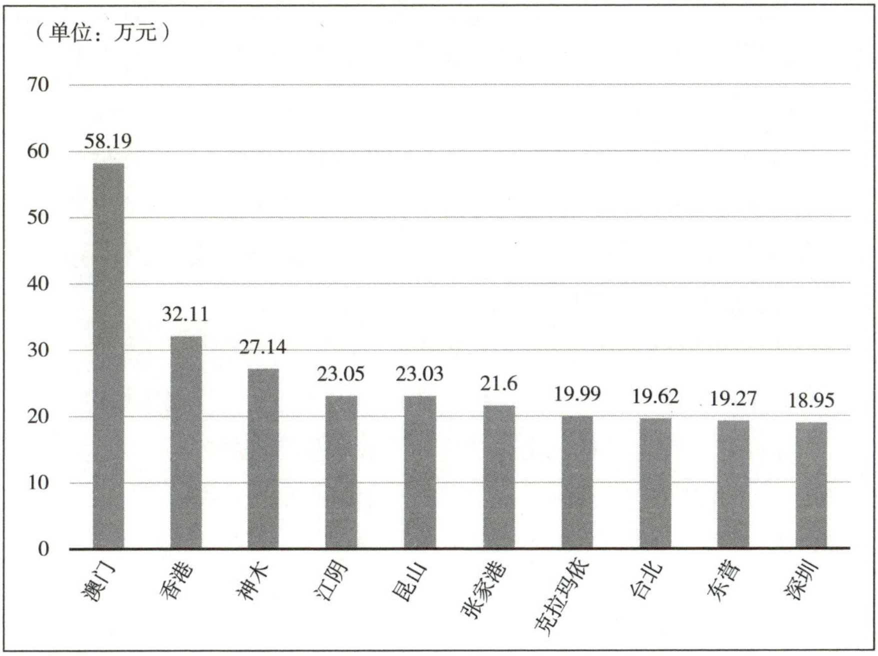

图 3–3　2018 年中国人均 GDP 前 10 名城市

数据来源：各城市统计部门

一旦澳门证券交易所搭建起来，澳门将一举成为内地源源不断的资金“弹药”输送地。澳门的富，也就变成了一种外部的、开放的富。

打通离岸人民币回流通道

澳门交易所的最大看点，是一个以“离岸人民币”计价结算的证券市场，它可以为离岸人民币打通一条回流渠道。

这意味着，澳门很可能会成为人民币国际化征程中的一个历史性拐点。

今天我们正处于中国复兴的大时代。评判中国是否超越了美国，有一个非常简单的指标值得参考，不是看 GDP 总量，也不是看 HDI（人类发展指数），而是看本国货币的国际化程度。

从某种意义上来说，法定货币的国际化程度是衡量该国综合实力最核心的锚，它浓缩和反映了一个国家生产出来的产品和服务的综合水平。

目前人民币已经成为全球第五大支付货币和第六大储备货币，排名虽然很高，但是从全球占比来看，还是远远弱于美元，称不上国际货币。

数据显示，在全球各国的央行货币储备中，美元的份额约 61.63%，欧元的份额约 20%，而人民币仅为 1.97%。全球跨境支付交易中使用美元的比重约为 42.5%，人民币只有 2.2%。

为什么全球企业和居民持有人民币的意愿不是很强呢?

有一个原因，就是出于防范系统性风险的考虑，中国有审慎的外汇管制，资本账户不完全开放，全球的离岸人民币资金池找不到太多优质的投资渠道。也就是说，人民币出去容易，回流较难，无法构成一个顺畅的循环。

而澳门作为一个自由开放的经济体，货币可以自由兑换进出。在这个基础上建设以离岸人民币计价结算的交易所，无疑提供了全新的投资场所，打通了人民币回流的任督二脉。

窗口不大，却有四两拨千斤的力道。这对于人民币走向国际化的战略性意义，是如何高估都不为过的。

尽管在这个过程当中，澳门也面临着诸多挑战，比如说人才储备和管理经验不足，法律体系非香港的“普通法系”，等等。

起步期时，内地科创企业或许仍有路径依赖，选择到香港或者纽约上市。就像一些评论说的，只有不那么优质的企业会跑到澳门，让澳门的资本市场沦为“二手车市场”。

但是办法总比挑战多。有一个不断崛起的强大国家作为后盾，澳门存在想象空间。

就像 1997 年的时候，香港能够从亚洲金融风暴中挺过来，稳固全球金融中心的地位，中央政府也是出了不少力的。澳门从博彩中心转向区域性金融中心，一定能够得到中央政府近乎无限的支持。

广深科创走廊底气更足了

展望未来，澳门的下一步，就是在金融功能方面变成“新加坡”，一个全新的离岸人民币交易清算中心。

2019 年 8 月澳门的人民币存款只有 511 亿元，不及香港同期 6441 亿元的 1/12，盘子是很小。

但是随着澳门证券交易所向纵深发展，金融中心的逐步夯实，澳门的离岸人民币存量肯定会越来越大，成为一个充裕的资金池。这个池子，对于未来缓解内地中小企业融资难的问题，具有不可低估的作用。

就像上文所说，我们的资本账户是不完全开放的。1997 年由泰国引发的亚洲金融危机还历历在目，国家担心热钱可以自由进出国门之后，可能会造成国内通货膨胀，或者变相流向股市楼市，人为造成资产泡沫，所以设置了一些防火墙。

碍于机制上的束缚，内地企业并不能跑到港澳地区办理跨境贷款。港澳地区在巅峰期的时候，人民币存款达 1.2 万亿元以上，但是这些天文数字只能沉淀在账户上睡觉。

2013 年，南沙、前海、横琴自贸区横空出世，中央给予了特殊的政策通道。在这些自贸区注册经营的企业，可以从港澳银行直接申请人民币贷款。据新华社报道，截至 2018 年 3 月末，广州南沙、珠海横琴新区共有 58 家企业办理了跨境人民币贷款业务，汇入贷款金额 60.44 亿元。

央行一份报告指出，当政策趋紧、银行表内信贷紧张时，内地的银行往往会首先压缩掉中小企业的贷款。而境外的人民币资金池无疑能够解决企业的燃眉之急。而且跨境人民币贷款定价主要由市场供求决定，政策限制、行业歧视等其他隐性成本较少，对于内地中小企业来说堪称福音。

伴随着澳门的人民币资金池沉淀越来越多，澳门将在大湾区扮演一个重要角色。

今天，主导世界的无非是两股力量，科技和金融。中国有一个全球排名第三的国际金融中心香港，单个城市的资本调配实力，几乎可以比肩纽约、伦敦。但是960多万平方公里的疆域上，却没有一个足以睥睨众生的国际科创中心。包括北京的中关村、上海的张江，其实都落后于美国硅谷。

因此，中央定调粤港澳大湾区在经济上的首要目标，就是成为国际科技创新中心，要与旧金山湾区、东京湾区一争高下。

金融与科技的关系相辅相成。有了澳门证券交易所，广深科创走廊成为下一个“硅谷101公路”的底气就更足了。

再造一个澳门

澳门是全中国最复杂的城市之一。

一方面，澳门很大。它一年有3500万游客入境游玩，人际空间网络通达全球每一个角落，又坐拥大大小小120多个国际组织的席位，话语权远超一般城市。更为关键的是，它还有直达北京的信息渠道，这是全中国所有城市都梦寐以求的事情。

另一方面，澳门又很小。这里面积仅有30多平方公里，生活着66万人，人口规模仅相当于两个北京天通苑社区。一个国际机场，就能占据城市6%的土地面积。

平均下来，澳门每平方公里生活着2万多人，是全球人口密度最高的城市之一。土地紧张到养老院都没法扩张，一些老人只好跑到珠海养老。

表3–12 澳门博彩业增加值情况

年份	博彩业增加值（亿澳门元）	GDP（亿澳门元）	博彩业/GDP
2014	2252	4421	51%
2015	1547	3622	43%
2016	1523	3624	42%
2017	1791	4058	44%
2018	2034	4403	46%

数据来源：澳门统计暨普查局

表 3–13　澳门博彩税收情况

年份	博彩业税收（亿澳门元）	财政收入（亿澳门元）	博彩税收 / 财政收入
2014	1367	1561	88%
2015	896	1161	77%
2016	844	1105	76%
2017	998	1181	85%
2018	1135	1342	85%

数据来源：澳门统计暨普查局

所以，想要由博彩业延展出“旅游休闲”，真的很难。迪士尼乐园建不了，海洋公园建不了，会展中心建不了。

最后的结果，就是博彩业一业独大。2018 年，澳门博彩业增加值占比 GDP 为 46%，博彩业贡献的税收占全市 85%。

这样的经济结构，实际上是不利于澳门长远发展的。

一个普通荷官的月薪约两万澳币，比社会平均水平要高。很多人初高中没毕业，就跑去赌场工作，教师、警察一度担心招不到人。回报丰厚的赌博业，抢夺了最多的土地、劳力和资本，提高了其他行业的房租、劳动成本，挤压了全社会。

在自由化土壤中更有利其发展的“金融”和“文化”，还没发芽就闷死在了赌客们的脚下。产业多元化，在土地魔咒下可谓寸步难行。

所幸的是，中央出手了。

2019 年 2 月，《粤港澳大湾区发展规划纲要》正式出台，澳门被确定为四大中心城市之一，未来将被塑造为区域发展的核心引擎。

珠海横琴岛，就是澳门其中的一个希望。它与澳门隔岸相望，足有 100 多平方公里，相当于三个澳门。这块巨大的飞地，完全有空间移植澳门的体系，延伸澳门的经济和生活空间，成为澳门同胞的“后花园”。

第一，早前澳门大学通过租借土地搬到了横琴岛，新校区面积一下子扩大了 20 倍。澳大所在的土地受澳门法律管辖，这种创世纪的举措，为澳门的扩张打开了一扇窗。未来不排除会划设更多横琴的土地供澳门开发，促进两地共同打造出一个世界旅游休闲中心。

第二，2019 年 3 月，横琴出现了全国首个跨境办公试点楼宇。首批 10 家澳门企业无须工商税务登记，只需备案就可以直接入驻横琴总部大厦，手续非常简单。未来澳门证券交易所出世后，相关的会计、律师、投行、咨询等业务可能会通过这种方式来到横琴岛上，形成集聚规模，共同建设区域性金融中心。

类似的举措还有很多，比如澳门单牌车可以进入横琴、澳人澳税、横琴莲花口岸二合一实行 24 小时通关等，珠澳一体化的趋势越来越明显。

就算以后赌城色彩被稀释了，金融、文化、会展等产业也可以崛起替上。如能成功，相当于再造一个澳门。

二十年斗转星移。

这一次，澳门与中华民族伟大复兴的中国梦紧密联系在了一起。

珠海：为什么一直长不大？

2019 年 2 月 12 日至 13 日，广东省委书记李希到珠海市调研，他要求珠海要全面提升城市发展能级，加快构建与核心城市相匹配的交通基础设施，打造支撑城市发展的大平台，不断提升城市功能品质，强化对珠江口西岸乃至粤西地区的辐射带动作用。

关键词是“提升城市发展能级”。

一直以来，“珠海最大的短板就是城市能级量级不足，区域辐射力带动力不强，在全国全省发展大局中地位和影响力偏弱”。[①]

1980 年，中央为了搞活经济，推出了特区试验。珠江口东西两岸的深圳和珠海同时入围。

两个地方基础条件差不多，常住人口均为 30 多万，面积都在 2000 平方公里左右。它们在同一时间、同一水平线上起跑。

但是 40 年后的今天，深圳已经成长为一个常住人口 1343 万的庞然大物，GDP 高达 2.69 万亿元，而珠海还是一座人口刚刚突破 200 万的小城市，经济总量不及前者的 13%。

为什么这么多年过去，深圳以势不可当的姿态跻身超级城市之列，珠海却一直长不大？

而且，明明珠海只是一个小城市，GDP 全国排 70 名开外，人口排在 200 多位，这么小的城市，凭什么房价这么高？

根据中国房价行情网，2019 年 10 月份珠海的二手房均价为 2.3 万元，超过中国第一大普通地级市苏州，以及计划单列市宁波、世界工厂东莞，排名全中国第 11 名。

---

① 参见钟夏：《珠海如何加快提升城市能级量级？》，载于《珠海特区报》2019 年 7 月 11 日。

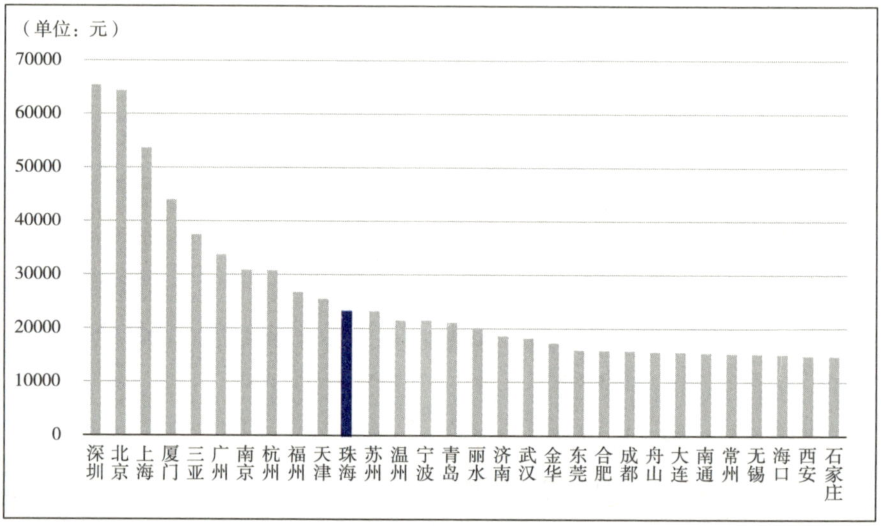

图 3–4　中国二手房价排行榜

数据来源：中国房价行情网

这个城市身上，充满了太多的谜。

澳门“耽误”了珠海

历史上，珠海曾摔过一次跤。

20 世纪 90 年代，出于对城市发展的乐观判断，珠海提出了“大港口、大工业、大发展、大繁荣”的口号，以超前意识规划了很多“命运工程”。政府独家举债，砸了很多钱在港口、铁路、通信、能源、高速公路、西区开发上。[①]

举个例子，1992 年的时候珠海常住人口只有 70 万，就规划了一个当时全国规模最大的现代化机场，设计年旅客吞吐量 1200 万人次，采用国内最先进的导航系统、着陆系统、航空管制和紧急事故处理系统。

---

① 参见陶一桃、鲁志国主编：《中国经济特区史要》，商务印书馆 2010 年版，第 219 页。

整个工程耗资天量，有说80亿的，也有说120亿的。但是直到今天，珠海机场的旅客吞吐量刚突破1000万人次，还没有达到28年前规划的目标。

本来这些庞大的命运工程用意是很好的，它可以极大提升珠海的基础硬件，帮助城市招商引资。遗憾的是，这个设想后来并没有完全实现。

相比香港，澳门的辐射能力比较弱。它产业结构单一，只有博彩娱乐业，无法给珠海导入完整的制造业体系。前文已经分析过，澳门更多是一个吞纳的城市，而不是一个输出的城市。

本身在大珠三角，澳门的产业就游离于内地体系，有点边缘化。由一个边缘化的城市来辐射带动，珠海不可能成长为一个庞然大物。

关键还是要看香港。香港长期是中国最发达、最繁荣的城市。1997年回归之时，香港GDP仍相当于内地的18%以上。

作为内地与世界之间的超级联系人，香港的地位极其重要，内地很多转口贸易和资本进出，都要通过香港这块跳板来进行。

深圳仅用40年时间就能发展为一线城市，与它的地理位置紧密相关。由于鹏城与香港陆路接壤，非常方便接收香港的产业转移和外商投资，它可以踩着巨人的肩膀前行。

而珠海跟香港隔着几十公里远的海湾。在很长一段时间内，珠江东西两岸缺乏连接通道。1997年虎门大桥投入使用后，珠海也要绕上一大圈才能走到对岸，加上塞车至少3小时，交通并不算太方便。这对于珠江西岸来说就很吃亏了。

因为要接受一个超级城市的辐射，最佳范围是1小时生活圈。也就是早上开车出去进行商务活动，晚上能够回到自己的家睡觉。只有在这个距离范围之内的地方，才能接受到最多的辐射。

虽然珠海在20世纪80年代末就开始推进伶仃洋大桥项目，但这个宏大设想，也是跌跌撞撞，历经三十多年的论证、博弈和争吵，才于2018年以港珠澳大桥之名正式落地开通。所以，在相当长的时间内，珠海并不能享受到香港的红利。

这些命运工程可谓一环扣着一环，哪一环出现问题，整个城市都会掉链子。跨海大桥的停滞，某种意义上造成了珠海的基建过剩。

大量财政资金并没有被用于刀刃上，而是沉淀在了这些超前规划的大工程里，成为地方高额债务，使得珠海工业投资不足，错过了发展机遇。

拒绝“村村点火”

想当初，深圳和珠海这两个小渔村能够进入中央视野，最大的原因就在于临近香港、澳门。中央想利用港澳地区的资本、技术，发展内地经济。

珠海因为澳门得以纳入国家战略，但澳门反过来也给珠海戴上了“紧箍”。

20 世纪 80 年代，珠三角遍地小作坊，东莞、佛山通过“三来一补”发展劳动密集型产业，村村点火，户户冒烟。

这些高能耗、高污染的低端产业，给生态环境带来很大破坏。不过，这种野蛮生长的方式，也给东莞和佛山吸引来了大量务工人员，人口增长迅猛。

而珠海主政官员并不屑于黑色 GDP。其城市定位对标新加坡，一个人口不用太多，但是经济很发达的花园城市。因此，当一场全球产业转移大浪潮滚滚而来时，珠海紧闭门户，任外边的世界汹涌澎湃。

1992 年，珠海发布“八不准”：不准建设有大烟囱或有严重污染的项目；不准采用燃煤锅炉，不准设置不符合环境保护和城市规划要求的高烟囱；不准生产农药、汞制品、砷制品、铅制品、放射性物品、联苯胺、多氯联苯、石棉制品等含剧毒污染物或强致癌物成分的产品，等等。

珠海原市委书记梁广大在接受《南方都市报》采访时坦言，南方谈话后珠海出现了投资热、招商热，当时他们否决了漂染厂、小玻璃瓶厂、皮革厂、化工厂、炼油厂、造纸厂、毛纺厂、电镀厂、水泥厂等几十个项目，价值 100 多亿元。

为什么珠海会对自己这么“狠”？

除了城市定位之外，还有一个绕不开的因素，就是澳门近在咫尺。

珠海跟澳门一衣带水，澳门的饮用水来自珠海竹银水库和竹仙洞水库，澳门的生鲜食品也大部分由珠海供应。

两个城市的水文环境、空气环境唇亡齿寒、生死相关，决定了珠海没办法走上“先发展后治理”的道路。[①]

对于珠海来说，环保不单单是民生工程，更是一个政治性工程。它只能拒绝污染性的“三来一补”，对产业设置高门槛。

这种只要质量不要数量的发展模式，使得珠海没法像东莞、佛山那样疯狂虹吸人口。

总结起来，珠海跟深圳今天的体量，从一开始就不是由自己决定的，而是取决于澳门跟香港。

珠海历史上确实错过了机会，但放眼全国，摔过跤的城市何止珠海一个，深圳曾经被质问“你被谁抛弃”，无锡爆发过“太湖蓝藻事件”等，最后它们都成功跨越万亿 GDP。

说到底，珠海长不大的原因，还是澳门太小了。

在房价上跻身准一线城市

历史总是充满了戏剧性。

别看珠海的路径选择，并没有为中国制造出一个一线城市，但它确实也带来了一个副产品，就是堪比一线城市的高房价。

为什么会这样？

就像上文所述，珠海从一开始就排斥低端产业，追求高端产业。这种发展思路，使得珠海的经济层次比较好。

---

① 2017 年，韩国首尔重度雾霾，有人责怪这是从几百上千公里的北京飘过去的，当地环保组织还向首尔中央地方法院起诉北京和首尔政府，要求赔偿精神损失费。由此可以想象珠海所背负的压力之重。

早在 1992 年，珠海就确定了以高新技术产业为先导，以先进工业为基础的发展战略，并在全国开创了重奖科技人才之先河，制定了一系列在当时很具有开创性的科技激励政策。

这种战略思路非常超前。那个时候，珠海就涌现出了好些赫赫有名的实力派科技企业，比如说史玉柱的巨人、雷军的金山。

2015 年，珠海全市高新技术产品产值约为 2238 亿元，占全市工业总产值的 54%。换句话说，高新技术产品贡献了珠海超过一半的工业产值。

虽然珠海除了格力这个世界五百强之外，没有特别多巨型龙头，但是高科技取向也带来了大量的较为优质的中小企业，托起了这座城市的经济底色。

根据智谷趋势的统计，2018 年珠海的高新技术企业超过 2000 家，平均下来每万人拥有 10.6 家国家级高新技术企业，排名全国第三名。从数据上可以印证珠海的企业平均层次比较高。

表 3–14　2018 年中国城市高新技术企业人均数量排行榜

排名	城市	高新技术企业（家）	人口（万）	人均数量（家 / 万人）
1	北京	25000	2154	11.6
2	深圳	14400	1303	11.1
3	珠海	2000	189	10.6
4	广州	11000	1490	7.4
5	中山	2300	331	6.9
6	东莞	5798	839	6.9
7	苏州	5416	1072	5.1
8	佛山	3949	791	5.0
9	杭州	3919	981	4.0
10	厦门	1626	411	4.0
11	上海	9206	2424	3.8
12	南京	3126	844	3.7
13	青岛	3122	939	3.3

续表

排名	城市	高新技术企业(家)	人口(万)	人均数量(家/万人)
14	天津	5038	1560	3.2
15	武汉	3527	1108	3.2
16	无锡	2064	657	3.1
17	常州	1444	473	3.1
18	长沙	2300	815	2.8
19	合肥	2100	809	2.6
20	西安	2139	1000	2.1
21	宁波	1739	820	2.1
22	济南	1558	746	2.1
23	成都	3000	1633	1.8
24	南通	1300	731	1.8
25	大连	1200	699	1.7
26	沈阳	1230	832	1.5
27	福州	1027	774	1.3
28	郑州	1329	1014	1.3
29	重庆	2504	3102	0.8

数据来源：根据公开报道统计

整体来看，珠海还是很富裕的一个城市。2017 年珠海人均本外币存款余额为 36.7 万元，排名全国第五名，比南京、广州、苏州、厦门、无锡还要高。

2018 年，珠海的人均 GDP 为 16.51 万元，排名内地第六名。可能有的人会认为这很正常，珠海人口很少，摊下来人均 GDP 自然就会很高。

其实，全国人口一两百万的小城市多了去了，为什么珠海能进入前十，其他城市不行。最主要的原因，还是珠海能以较小的人口规模，创造甚为可观的国民财富，是分子够大而不是分母够小的缘故。

所以，珠海是一个当之无愧的小而美城市。民间的富裕程度，对珠海的房价就是一种支撑力。

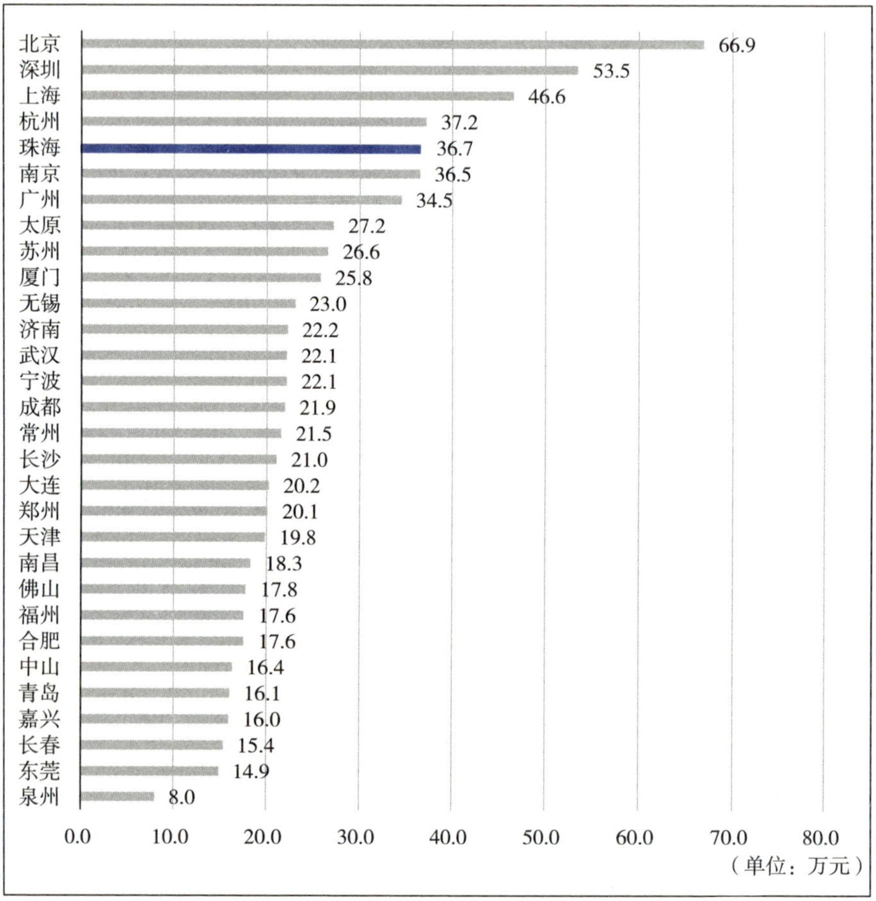

图 3–5　2017 年各地人均本外币存款余额

数据来源：各地统计年鉴

从外部原因来看，珠海并不是珠海人的珠海，而是全国人民的珠海。来自全国各地的购买力也推高了本地房价。

珠海对标新加坡的理念，给珠海留下了不可复制的生态环境。它被很多机构评为中国最宜居城市、中国最浪漫的城市，还获得了“联合国改善人居环境最佳范例奖”，其公众幸福指数得分在广东省排名第一，空气质量全国前十。

它适合养老度假，休闲旅游，吸引了全国人民“买珠海”。早在2005年，珠海新建商品房中，就有接近一半是外地客户。

很多北方人把珠海当作第二个海南，跑到那里洗肺。港澳同胞也喜欢把珠海当作第二家园，这个群体的购买力特别强，间接推动房价上涨。

同时跟港澳陆路接壤，全国唯一

在《粤港澳大湾区发展规划纲要》中，中央明确提出，要“构建极点带动、轴带支撑网络化空间格局，发挥香港—深圳、广州—佛山、澳门—珠海强强联合的引领带动作用”。

珠海具有相当重要的地位。

2019年底，广东省委书记李希要求珠海全面提升城市发展能级，强化对珠江口西岸乃至粤西地区的辐射带动作用。

可以类比的是，之前高层视察上海的时候，也明确要求上海加快提升城市能级和核心竞争力，更好为全国改革发展大局服务。对珠海来说，这实际上已经释放出了一个明确信号，珠海的发展将向深圳模式靠拢。

一直以来，珠三角的格局便是东强西弱。未来，塌陷的珠江西岸有可能会逐渐隆起。因为，在粤港澳大湾区这个千年大计的顶层设计之下，珠三角西岸迎来了新的战略窗口：

经过几十年的发展，深圳和东莞的土地开发强度都在50%上下，远远超过30%的国际警戒线，逼近极限。而剩下的森林、公园、湖泊又不能推倒填埋来作为建设用地。香港就更不用说了，惜土如金。土地资源是珠江东岸最大的发展瓶颈，未来东岸的产业和人口一定会外溢出来。

珠江西岸必定是最大的受益者之一。珠海、中山、江门的土地开发强度比深圳、东莞低十个百分点以上，还有较大的承载空间，像珠海的金湾区、斗门区就有大片空闲土地待开发。

而且，粤港澳大湾区的跨海大桥已经越来越多了。港珠澳大桥是中央送给香港回归20周年的大礼包。珠海得以跟香港形成了一小时生活圈，成为全中国唯一一个同时跟香港、澳门陆路接壤的城市。

虎门二桥已于2019年4月份开通，深中通道预计几年内开通，不排除还会再来一条跨海通道，那就是深珠通道，有关方面正在积极推进。一旦落地，从深圳前海到珠海香洲的车程将压缩为半小时。

这些通道的逐步完善，将推动珠江两岸的要素流动和产业转移，帮助粤港澳大湾区形成梯度发展、优势互补的产业协作体系，给珠江西岸导入更多势能。

大湾区的第一个十年，一定是一个充满巨变的十年。

第四章　哪里的房产具有投资价值

上海六个卫星城，哪里最值得重仓？

灯下黑，似乎是中国区域经济一个躲不开的定律。像河北就存在着一条“环京贫困带”，举世闻名。

身处中国顶尖都市圈，既是一个城市的幸运，也可能是让一个城市衰落的陷阱。对于中小城市来说，最难的事情就是抵挡大城市的虹吸。尤其是在今天这个高铁时代，资源流动越发自由，中小城市就越容易被榨干。

环沪六个卫星城当中，有一个城市不仅没有被吞噬，反而还成为一个经济制高点，本领几近逆天。

它叫昆山。在大上海的眼皮底下，昆山打出了中国城市发展史上最出乎意料的一张牌，硬生生将自己建成了百强县之首、中国第一大县级市。

至少未来五年，昆山都是环沪卫星城当中，最有投资价值的地方。因为，环沪六个卫星城当中，唯有它进入了中央视野。

买房之前，先看空间规划图

从地级市的层面去看，上海确实带领了周边的兄弟一起腾飞致富，出现了很多强市，如苏州、无锡、常州、南通、杭州、宁波等。

但如果我们换个角度，从县级市层面去看的话，其实上海的周边参差不齐。

先说江苏省海门、启东。2018 年末，海门市常住人口 90.47 万，少于户籍人口 99.59 万。启东市常住人口 95.00 万，少于户籍人口 111.04 万人。人口均为净流出。

这里面，有很多人是到上海打工去了。由于人口流入不足，两个地方都深陷老龄化泥沼。

恒大经济研究院院长任泽平认为，房价短期看金融，中期看土地，长期看人口。一个没有人口持续导入的城市，长期来讲没有房价猛涨的动力。

而且，人口结构也会对房价产生较大的影响。深圳的房价全国数一数二，除了经济发达、供需紧张的原因之外，还有一个重要的因素，就是深圳人口的平均年龄约为33岁，是全中国最年轻的城市。大量的年轻人有买房成家立业的需求，小孩到了一定岁数之后，还有改善性需求。这两种需求在深圳非常旺盛，托起了深圳高昂的房价。

海门、启东的老龄人口实在太多了。一方面，这个群体基本都有住宅，会减少整个社会的买房需求。另一方面，老人的房产投资意愿普遍不高，会压制本土的投资市场。

此外，随着老人生命的终结，不断有老房子作为遗产留给下一代，一定程度上也会减少本土的购房意愿。上述因素，阻碍了海门、启东的房地产发展。

再来看浙江省平湖和嘉善。2018年，两个地方的人均GDP分别为10.02万元和10.01万元，只比浙江省的平均水平高出1500元左右。背靠上海这棵大树，平湖和嘉善并没有茁壮成长。

主要原因之一，在于平湖、嘉善有一个很大的短板，就是没办法跟上海连片发展。根据上海市农业空间规划，上海跟嘉善、平湖接壤的地段，有大片的永久农田，这些都是限制开发和禁止开发的。

因此，在上海市内与嘉善、平湖接壤的地带，不管过去还是未来，它的城镇建设用地都必须跳跃着来。

各类资源无法大规模聚集在一起，形成连绵的发展带，而是分散成一个个点，这样城市化水平会比较低，看起来到处都是农村和远郊，缺乏便捷的出行条件、高质量的生活配套，阻碍了上海人来这里买房和投资。

反观粤港澳大湾区，佛山的南海千灯湖以及东莞的长安、凤岗，房价之所以能够受到广州、深圳的辐射，均价达到3万多，就是因为两个城市之间没有农村隔离带，连片发展。

对于千灯湖的广州客、长安的深圳客来说，可能他只要跨过边界，十几二十分钟就能抵达所在公司上班，而嘉善、平湖却需要开车长驱直入，穿过漫长的乡村和田野，才能到达城区的工作地点，路途所需时间，可能至少一小时。

受国土空间规划的限制，嘉善、平湖的房价永远都会落后于昆山，不可能达到与昆山比肩的水平。

“大上海市”里的“小台北”

如果我们把上海十六个区，以及六个卫星城看作“大上海市”，那昆山绝对是一个经济高地。

2018 年昆山 GDP 为 3832 亿元，仅次于万千宠爱集于一身的浦东新区，秒杀上海其他任何一个区。常住人口则达到 166 万，是其他环沪卫星城的 1.7—2.8 倍。

表 4-1　2018 年上海市各区及卫星城 GDP 与人口

地区	2018 年 GDP（亿元）	2018 年常住人口(万人）
浦东新区	10460	552
昆山	3832	166
嘉定区	2362	158
黄浦区	2270	65
闵行区	2013	253
杨浦区	1847	131
静安区	1847	106
徐汇区	1670	108
长宁区	1428	69
宝山区	1392	203
太仓市	1330	72
松江区	1279	175

续表

地区	2018 年 GDP（亿元）	2018 年常住人口(万人)
海门市	1249	90
启东市	1063	95
普陀区	1001	128
青浦区	1001	120
奉贤区	942	115
金山区	907	80
虹口区	838	79
平湖市	693	69
嘉善县	582	58
崇明区	345	69

数据来源：各地统计公报

放在全国来讲，这个体量也能排在第 60 名左右，“吊打”兰州、呼和浩特、乌鲁木齐等省会城市。

2018 年，昆山人均 GDP 为 23.03 万人民币，在内地所有等级城市当中排名第三，高于深圳、广州和上海。

其实改革开放的时候，环沪六个卫星城都是农业县，处于同一条起跑线。但是 40 年后的今天，唯独昆山取得了辉煌的成绩。

它不仅没有被上海市中心给吞噬掉，还反过来，吸纳了非常多的人口和资源，成为整个大上海市的制高点。

在环沪一带当中，昆山几乎是完美地跟上海同频共振。有人就形容说，“昆山行政上是江苏的，经济上是上海的”。

为什么昆山能够抵挡住上海的虹吸效应？说起来，还是昆山很聪明。它在几乎一穷二白的情况下，另辟蹊径打出了台资牌。

这张牌，让昆山这个小小的县级市得以进入中央战略，从而获取了等同于重点城市的机遇。

20 世纪 90 年代，中央宣布开发开放浦东，大量外商来到上海寻求机会。昆山作为上海“后花园”，及时抓住时机撬动台资，一跃成为“小台北”。

别看这座城市行政级别不高，招商引资的能力可谓独步天下。普通城市的做法，一般是通过降低土地价格、减免税收来吸引企业落地。虽然这样做能减少企业成本，但属于一锤子买卖，不可持续。①

昆山可不一样，它走的是一条产业链招商模式，本着“缺什么、补什么”的原则，招全上下游企业，让其集聚形成完整产业链条，发挥出规模效应，降低企业的生产成本、物流成本。

以电子信息产业为例。昆山一位领导曾经组织技术人员拆开一台电脑，桌面上摆满了 600 多个零件，看看有哪些是昆山还不能生产的。把不能生产的零部件企业作为引进的重点项目，组织人员外出考察、洽谈。②

经过几年攻关，几乎所有零部件生产企业都落户了昆山，形成了从基础材料、覆铜基板、印刷线路板、电子元器件、电子显示器到整机生产的完整产业链，使得昆山在 50 公里范围内就能采购到所有配件。像当时台企广志电子年产 200 万台电脑，周边就有 243 家企业为其配套，极大地提高了生产效率。

昆山借此把自己建成了“全球笔记本电脑之都”（后来这一称号被重庆夺走），高峰期年产 1.2 亿台笔记本电脑，占世界年产量的一半。

此外，昆山还注重从管理型政府转变为服务型政府，有人曾这样总结昆山经验：全市各级各部门尽量不要到企业检查、参观，执法部门每年到企业的检查不能多于两次，制订“安静生产日”，防止权力部门对台企的吃拿卡要。

有台媒就形容说，昆山生产了“能为台商端洗脚水的市长”，“老板怎么安心怎么办，老板怎么开心怎么办，老板怎么舒心怎么办”。

由于营商环境上乘，昆山的口碑一传十、十传百，就像摘葡萄一样，将台资企业“一锅端”了。

---

① 这种方式有时候会产生道德风险。部分别有用心的企业假借投资名义，以非常低的成本圈下一大片工业土地，最后挂羊头卖狗肉，做起了其他“生意经”。

② 参见李晓鹏编：《城市战略家》，中国发展出版社 2014 年版，第 145 页。

数据显示，今天昆山聚集了 10 万台湾同胞，是大陆台商人数最集中的地区；昆山台资约占大陆台资总量的 1/9，是大陆台资企业最密集的地方。

在昆山连续 16 年稳居全国百强县之首的历史进程中，台资可以说是立下了汗马功劳。它贡献了昆山 40% 的 GDP，50% 的工业总产值，60% 的利用外资，70% 以上的进出口总额。

昆山凭什么成为“金融特区”？

粤港澳大湾区也有一个很受外资、港澳台资青睐的城市，叫作东莞。

东莞是珠三角的代表，昆山是长三角的代表。不过在台资方面，昆山明显比东莞要高出一个档次。

从数量上来看，截至 2018 年底昆山拥有台资企业 5033 家，东莞为 3700 家；台商在昆山的投资总额为 603 亿美元，东莞只有 212 亿美元。

从质量上来看，东莞的台企多集中在纺织、五金、塑料等中低端产业，昆山则多集中在电子信息产业等中高端产业，出现了很多规模型、龙头型的企业。[①]

比如，全球第一大电子代工商富士康，全球第一大电脑代工巨头仁宝，世界五百强纬创集团，全球高端自行车市场第一的捷安特。

据媒体报道，台湾前 100 强的制造业企业当中，有 70 多家在昆山投资。这些台企科技含量高、投入强度大、产出效益多，档次完全高出东莞一截。所以，昆山绝对是中国大陆的台资第一高地。

中山大学岭南学院教授林江认为，台资企业在东莞正变得越来越边缘化。因为这些产业以传统加工贸易为主，不是现代高端产业，官方和银行都不会特别关照，产业扶持政策也与它们无关。

而昆山的台资层次高，除了符合中央对产业升级的要求之外，还有一

---

① 参见彭明明、刘学华:《东莞与昆山台资集群发展模式比较研究：现状、问题及其对策》，载于《珠江经济》2007 年 10 月 15 日。

个非常大的好处，就是能够进入中央的视野。

让台湾同胞共享祖国繁荣富强的伟大荣光，有利于两岸关系的发展，而昆山就是这样一座桥梁。出于统战需要，中央便会给予昆山很多特殊政策，大力发展昆山：

1992 年 8 月，昆山开发区获得国家批准，从一个地方自费开发的编外“怪胎”，转正成了全国县（市）中第一个国家级开发区。

2000 年 4 月，昆山出口加工区，与上海、深圳、广州这些特大城市同时获批成为中国第一批试点的 15 个出口加工区之一。而宁波、南京、西安、郑州、青岛都要晚几年。

2013 年 2 月，国务院批复设立昆山深化两岸产业合作试验区。此后每年都由发改委牵头，专门为昆山召开一次部省级协调会，统筹指导各项工作。《智慧中国》杂志社副社长杨韵江指出，这待遇，全国估计也只有昆山拥有。

2016 年，在“十三五”国家规划中，整个江苏仅南京和昆山被提到。昆山的战略地位，可见一斑。

……

这些特殊政策，极大地帮助昆山从众多竞争对手当中冲出重围。

比如说出口加工区，作为海关特别监管区域其实相当于“境内关外”，从国外进口货物进来不用交关税和增值税。这非常有利于台企组织全球化生产，从世界各地运来各类零部件，在昆山进行组装或者再加工，发展起电子信息、光电、精密机械和保税物流产业集群。

再比如说，昆山两岸合作试验区先后获批实施跨境人民币双向借款、跨境人民币汇兑直通、个人跨境人民币汇出等特殊业务，逐渐发展成为“金融特区”。这些从境外融通到的廉价资金，为当地制造业输送了宝贵“弹药”。

在中国，政策驱动力的作用不言而喻。它对一个城市跨越式发展的作用，有时候甚至要强过全要素生产率的提升。

只要“小台北”的特色不改变，昆山的经济发展就具有相对确定性，房价也就能持续上涨。

值得一提的是，在环沪六个卫星城当中，太仓离上海市中心最近，直线距离 30 多公里。随着上海都市圈以及长三角一体化的深化推进，未来太仓有极大的概率会有跨城地铁与上海相连。因此，长期来看，这里也算是一个投资洼地。

深圳三个“后花园”，东莞、惠州、中山该如何选择？

深圳的住宅供应十分紧张。

2018 年的深圳“二次房改”提出，到 2035 年将筹集建设各类住房 170 万套，平均下来，深圳每年供应约 10 万套，这里面包括了商品房和各类保障性用房。

同期，深圳常住人口为 1302 万，按照家庭平均规模 3 人计算的话，深圳有 434 万个家庭户。但根据《深圳市住房建设规划（2016—2020）》所透露的数据，目前深圳全市常住家庭住房自有率尚不足 40%。

以此估算，深圳尚有 260 万户家庭没有住宅。年均 10 万套的供应，远远满足不了需求。

加之现在北京、上海做减量发展，深圳近年来人口流入激增，每年保持在四五十万人。增量需求叠加存量需求，注定有很多人在深圳上不了车，必须外溢到临深片区买房。

当然，临深一片既有机遇也有风险，不是每个地方都值得入场投资。

东莞房价长期看涨

十余年前，东莞房价最贵的地方是中心城区。

图 4-1 为东莞住宅价格空间分布栅格图，颜色越深的地方，代表着房价越贵。可以看到，2006 年南城、东城周边的房价为每平方米 5500—6500 元，是城市的房价火车头。这个符合我们一般的认知，因为中心城区集中了最好的教育资源、医疗资源、商业配套设施。

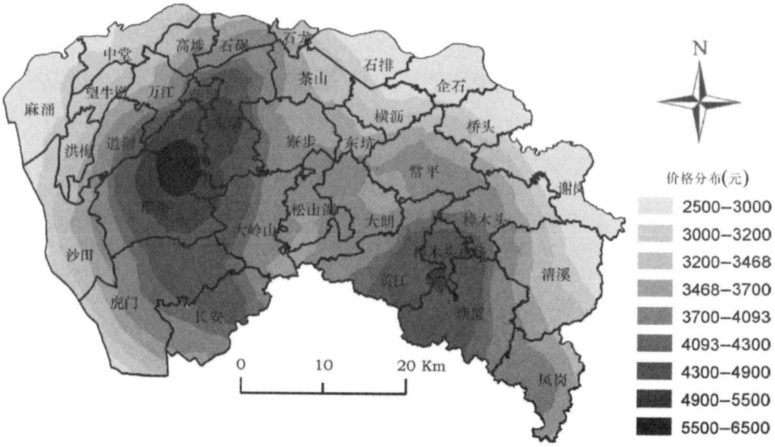

图 4-1 2006 年东莞住宅价格空间分布

来源:《基于地统计分析的房价空间分布差异研究》梅志雄 黎夏

但是十余年后的今天，中心城区的房价反而成了第二阶梯，最贵的地方变成了临深一带的几个镇街。

根据东莞市不动产登记中心公布的官方数据，2019 年 7 月东莞一手房市场，凤岗均价为 32372 元，松山湖为 31277 元，长安镇为 29915 元，比南城 28292 元、莞城 23848 元等中心城区高。

这说明东莞南部的房价受到深圳影响和辐射。近年来，深圳的房价因人口持续涌入、供需紧张而不断上涨，大量刚需客外溢到东莞临深一带置业，这里的房价也跟着联动上涨。

虽然目前东莞北部的镇街只要 1 万出头就能上车，但距离深圳边界 20—40 公里，投资价值不大。

在东莞投资的第一原则，是离深圳越近越好。只有投资临深一带，才可以最大限度地享受到深圳发展的大红利。

以凤岗镇为例。整体而言，东莞各镇街的房价与 GDP 之间并不存在明显的正相关关系。这个逻辑在凤岗身上体现得最为明显。

2018 年凤岗的 GDP 只有 295 亿元，相当于长安和虎门的一半，但凤岗的一手房均价分别比长安、虎门高出2000元、10000元左右，跟松山湖并列为东莞的房价双龙头。

为什么会这样?

因为东莞的房价不单是由自身所决定的，更是由深圳所决定的。谁能承载更多的深圳刚需客、投资客，谁的房价就会更高。

而凤岗最大的优势就是直插深圳，三面环深，在所有镇街当中距离深圳市中心最近。长安、虎门距离深圳市中心的直线距离在38公里以上，而凤岗仅有24公里左右。

这种独特的地理区位，让凤岗一跃成为深圳人口转移的桥头堡，承接了更大范围的外溢客。

深圳市龙岗区发展研究中心调研发现，截至2015年末，凤岗全镇吸引了3万多名深圳市民前往投资置业。像凤岗镇的大运城邦、水岸山城等楼盘，超过70%以上居民在深圳工作。

表4–2 东莞市各镇街二手房均价上涨情况

区域	2014年10月房价	2019年9月房价	五年涨幅	百平方米增值(五年)
沙田镇	5415	14373	165.4%	895800
寮步镇	6881	16337	137.4%	945600
大岭山镇	7130	16921	137.3%	979100
凤岗镇	8214	18718	127.9%	1050400
莞城区	7529	17064	126.6%	953500
樟木头镇	5768	12822	122.3%	705400
中堂镇	5391	11809	119.1%	641800
南城区	9262	19988	115.8%	1072600
万江区	7106	15284	115.1%	817800
洪梅镇	5761	12355	114.5%	659400
常平镇	5646	12056	113.5%	641000
黄江镇	6876	14411	109.6%	753500
东城区	8846	18373	107.7%	952700

续表

区域	2014 年 10 月房价	2019 年 9 月房价	五年涨幅	百平方米增值（五年）
塘厦镇	8400	17385	107.0%	898500
企石镇	5037	10205	102.6%	516800
大朗镇	7223	14520	101.0%	729700
虎门镇	7363	14539	97.5%	717600
高埗镇	6752	13313	97.2%	656100
清溪镇	6705	13208	97.0%	650300
道滘镇	8033	15444	92.3%	741100
东坑镇	6446	12392	92.2%	594600
望牛墩镇	5483	10492	91.4%	500900
厚街镇	7264	13547	86.5%	628300
横沥镇	5106	9115	78.5%	400900
麻涌镇	7269	12919	77.7%	565000
长安镇	9448	16630	76.0%	718200
石龙镇	6887	11809	71.5%	492200
茶山镇	7104	12169	71.3%	506500
石碣镇	6755	10317	52.7%	356200
石排镇	6260	9421	50.5%	316100
桥头镇	6466	9106	40.8%	264000
谢岗镇	5383	6411	19.1%	102800

数据来源：中国房价行情网

根据智谷趋势的统计，2014 年 10 月至 2019 年 9 月，凤岗镇二手房的涨幅高达 127%，排名全东莞第四，以五年绝对增值数计算则排名全东莞第二。作为一个非政治中心、非经济中心的镇街，这样的涨幅实属惊人。

未来，凤岗跟深圳的交通体系还会进一步融合，强化凤岗作为深圳“第一后花园”的地位。根据 2017 年深圳市规土委公示的《深圳市轨道交通线网规划（2016—2035）》（征求意见稿），深圳规划将地铁 10 号线东延，穿过凤岗衔接起深圳 16 号线。

不单单是凤岗，所有临深一带的镇街，基本都有机会接入深圳的轨道交通系统。

东莞的房价长期看涨。

惠州容易踩雷

当前惠州的均价只有 1 万出头，由于房价亲民，这里吸引了全国各地尤其是深圳的投资客。

不过在我看来，惠州遍地是坑。2013—2018 年惠州供应的住宅用地面积高达 4184 万平方米，跟广州差不多。

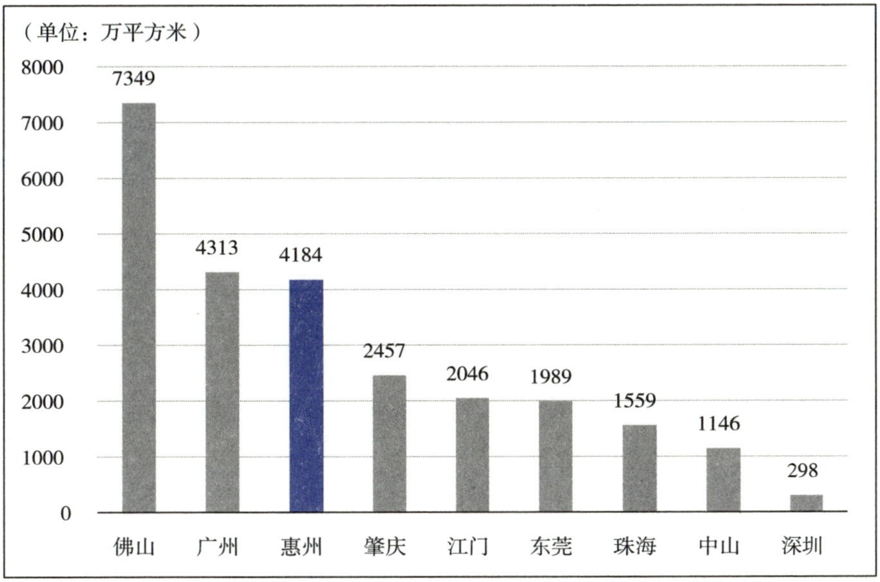

图 4–2　粤港澳大湾区住宅用地供应情况

数据来源：中指研究院

但是惠州 2018 年的常住人口是 480 多万，广州是 1500 多万，完全是不一样的人口规模，惠州的供应堪称天量。

在这种情况下，有没有"接盘侠"就很重要了。只有源源不断的人购买，这里的房子才能够脱手，否则也只是纸面上的财富。

从地理上来看，惠州下边有好几个县区，离深圳最近的地方叫惠阳区。但即便是惠阳，距离深圳福田区直线距离也要 50 公里左右。

由于通勤距离太远，很少有深圳刚需客会考虑把房子买在惠州，然后每天跨城通勤。

所以这座城市的楼市命运，实际上是寄托在一条地铁身上。惠州和深圳都有意延长深圳地铁 14 号线，用来连接深圳福田跟惠州惠阳。

唯有通了地铁，惠阳才会有比较多的刚需客来接盘，否则基本上就是投资客在炒作。

按照中央有关部门的规定，修建地铁的城市必须满足三个条件：一般公共财政预算收入在 300 亿元以上；地区生产总值在 3000 亿元以上；市区常住人口在 300 万人以上。2018 年惠州四个市区的常住人口加起来仅为 270 万人，尚不具备申报建设地铁的条件。

表 4–3　2018 年惠州各区县常住人口情况

区 / 县	2018 年常住人口(万人)
市区人口	270.34
惠城区	121.3
惠阳区	60.89
惠东县	93.37
博罗县	107.24
龙门县	31.74
大亚湾区	42.94
仲恺新区	45.19

数据来源：惠州统计年鉴

不过，政策也没有完全堵死。2019 年 2 月 21 日国家发改委出台《关于培育发展现代都市圈的指导意见》，明确了“在有条件地区编制都市圈轨道交通规划，探索都市圈中心城市轨道交通适当向周边城市（镇）

延伸”。

深圳作为一线城市，按道理来说有资格把地铁延伸出去，政策给惠州方面留了一个口子。

当前，深圳地铁14号线延长线尚未获得国家发改委批准。通常一条地铁从规划到完工，平均花费7年时间，因此，未来五到十年，惠州跟深圳之间可能并没有地铁相连。如果在此刻投资惠州的话容易踩坑，建议非专业人士不要入场。

中山短期不宜入手

作为一代伟人孙中山的家乡，中山是广东省著名的侨乡，旅居世界各地的海外华侨和港澳台同胞有80多万人。它与东莞一样，属于国内罕见的直筒子市，下辖6个街道、18个镇。

当前中山正在修建深中通道，预计2023年完工。这条跨海大桥让中山有机会成为深圳的“后花园”，而且中山均价才每平方米1.4万元左右，近年来吸引了很多深圳客过去投资。但是这个地方，短期不宜入手。

在经济层面，之前中山公布的2018年地区生产总值为3632.70亿元。2020年1月中山宣布依据国家核算制度和第四次全国经济普查结果调整GDP数据，2018年实际为3053.73亿元，下调比例高达15.9%。

2019年中山市GDP为3101亿元，按可比价格计算同比仅增长1.2%，为2000年以来最低增速。

实际上，从2017年开始中山规模以上工业增加值就处于下降通道了。2019年全市3443家规模以上工业企业完成增加值1150.83亿元，相比2017年、2018年的1073亿元和1093亿元确实有所回升，但不及巅峰期2016年的1319亿元。

由于中山的工业格局为“星星多，月亮少”，缺乏龙头企业稳定订单的带动，在全国经济下行周期中，抵抗力普遍较弱，整个城市正处于转型阵痛期。

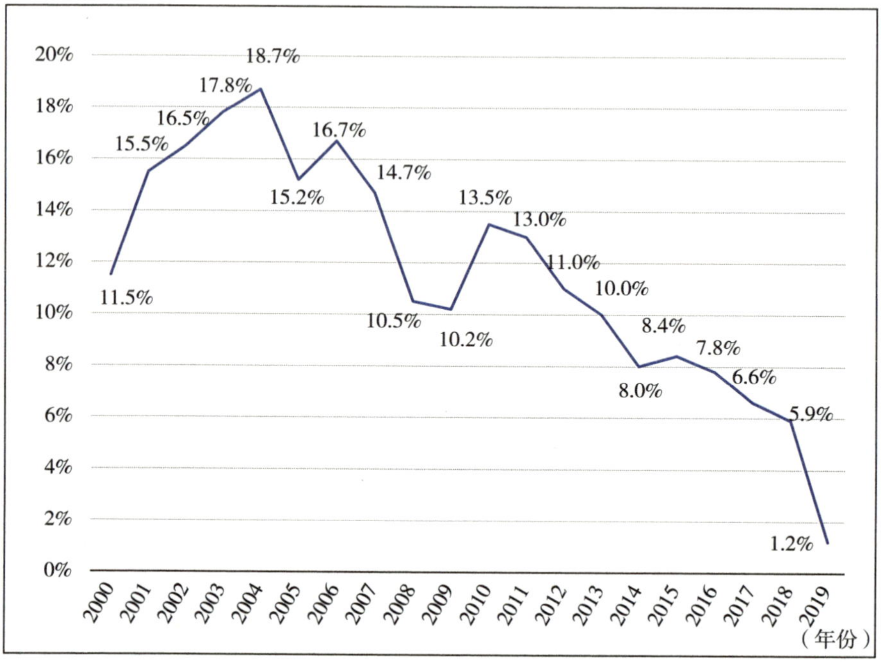

图 4–3　中山市历年 GDP 增速

数据来源：中山市统计局

近年来，中山有多位干部落马，导致当地官场开拓创新、攻城拔寨的精气神不足。本来在经济增速放缓时期，政府体系更应该敢闯敢当，但在这种情况下，执政风格难免较为保守，这在一定程度上也阻碍了经济的复苏和发展。

小榄镇是中山经济最发达的地方之一。2018 年实现 GDP344 亿元（修订前数据），在全市 18 个镇当中排名第一，是第二名的 1.89 倍。但是 2014 年 10 月至 2019 年 9 月，小榄镇二手房的涨幅仅为 45%，而其他很多镇街都涨了一到两倍。

表 4-4　中山二手房价涨幅情况表

区域	2014 年 10 月	2019 年 9 月	五年涨幅
民众镇	2813	9062	222.10%
南朗镇	4589	11563	152.00%
港口镇	4958	11827	138.50%
阜沙镇	3688	8391	127.50%
沙溪镇	4973	11101	123.20%
板芙镇	3742	8101	116.50%
神湾镇	3661	7705	110.50%
三乡镇	5113	10711	109.50%
横栏镇	4351	8984	106.50%
大涌镇	4094	8379	104.70%
东升镇	4586	9317	103.20%
坦洲镇	6507	13191	102.70%
南头镇	4393	8785	100.00%
东凤镇	4442	8830	98.80%
三角镇	4548	8776	93.00%
黄圃镇	4678	8188	75.00%
小榄镇	6462	9409	45.60%
古镇镇	7413	8322	12.30%

数据来源：中国房价行情网

这种诡异的现象说明，中山的实体经济出现了问题。或许要等到 2023 年深中通道竣工后，这座城市才能依托深圳的发展走出低迷。它还需要好几年的调整期。

投资避坑法则之一：计算人口吸引力

一个城市值不值得投资，关键是看人口吸引力。

一个人口流出的城市，就算房价再便宜，打死也不要去。[①] 因为，它的房价很难涨起来。资金都是有机会成本的，房价只有微微涨幅也是亏。一个人口不断涌入的城市，就算房价再贵，也要想办法入场建仓。因为它的房价，只会越来越贵。

那么，如何衡量一个城市有没有人口吸引力呢？

恒大经济研究院院长任泽平指出，在完全的市场竞争和个体同质条件下，一个城市较高的人均收入将不断吸引区外人口净迁入，直至该地区人均收入与其他地区持平。这种区域收入差距可简单地用区域经济份额与区域人口份额的比值来表示。当该比值大于 1 时，表示该区域人均收入远高于全国平均水平，人口很可能会呈净迁入状态；该比值小于 1 则表示人口呈净流出状态。

以珠海为例。根据智谷趋势的统计，2018 年珠海的经济 – 人口比值为 2.38，在大湾区内地 9 市当中排名第二，仅次于深圳。

表 4–5 大湾区各市人口吸引力情况

城市	GDP（亿元）	占全国比例	人口（万人）	占全国比例	经济占比 / 人口占比
深圳	24222	2.69%	1302.7	0.94%	2.87
珠海	2914.7	0.32%	189.1	0.14%	2.38
广州	22859.4	2.54%	1490.4	1.07%	2.37
佛山	9935.9	1.10%	790.6	0.57%	1.94

① 除非这个城市能够接受到超级城市或特大城市的辐射。这样它的房价涨跌逻辑，才不是取决于内部的发展状况，而是深受外部辐射源的影响。

续表

城市	GDP（亿元）	占全国比例	人口(万人)	占全国比例	经济占比 / 人口占比
中山	3632.7	0.40%	331	0.24%	1.69
东莞	8278.6	0.92%	839.2	0.60%	1.52
惠州	4103.1	0.46%	483	0.35%	1.31
江门	2900.4	0.32%	459.8	0.33%	0.97
肇庆	2201.8	0.24%	415.2	0.30%	0.82

注：国际上通行用“经济占比 / 人口占比”这一指标衡量城市对于人口的吸引力
数据来源：根据各市统计年鉴统计

这意味着在当下人口往大城市集聚的都市圈时代，珠海会抢到更多的人口，推动经济发展。

事实上也正是如此。过去几年珠海的人口扩张几乎是爆发式增长。2016—2019 年，珠海的人口增速分别为 2.5%、 5.4%、 7.12% 和 7%。

表 4–6　珠海市人口增长情况

年份	人口增量(万人)	人口增速
2013 年	0.77	0.50%
2014 年	2.39	1.50%
2015 年	1.99	1.23%
2016 年	4.12	2.50%
2017 年	9.01	5.40%
2018 年	12.57	7.12%
2019 年	13.26	7.00%

数据来源：珠海统计公报

2019 年珠海人口增量为 13.26 万人，虽然从绝对值来看少于广深，但是从相对值来看，比例相当恐怖，在全中国都是数一数二的。

人口涌入让城市更有活力。只要珠海控制好卖地节奏，不要盖太多房子导致库存过高，珠海的楼市便可以持续发展。

投资避坑法则之二：看人口质量

一个城市有人口吸引力之后，要如何选区域？

为方便说明，我们以广州市黄埔区和番禺区为例，这两个地方与广州CBD珠江新城的直线距离差不多。

黄埔实力不俗，制造业甚为发达，集中了LG8.5代OLED面板工厂、广州第一条12英寸芯片生产线粤芯等高精尖项目，是仅次于天河的产业高地。

2019年黄埔区的GDP为3502.47亿元，在广州所有区当中排名第二，而番禺区仅为2079.5亿元。

表4–7　广州各区GDP情况

地区	GDP（亿元）
天河区	5047.39
黄埔区	3502.47
越秀区	3135.47
白云区	2211.82
番禺区	2079.5
海珠区	1935.12
南沙区	1683.23
花都区	1562.76
荔湾区	1104.49
增城区	1010.49
从化区	355.86

数据来源：广州市统计局

不过，2020年2月黄埔新房均价仅为每平方米30207元，低于番禺区的 42582 元，这是为什么呢？明明黄埔的体量比番禺高出了 1423 亿元，经济更为发达啊！

关键原因在于，房价是由本行政区的人口数量和质量综合决定的。

第一，番禺开发较早。20 世纪 90 年代，房企开发商就进入番禺大规模开发，使其成为广州著名的“睡城”，冒出了很多超级大盘。而且番禺很早就开通了地铁，运营里程相对较长，吸纳的人口数高于黄埔。

数据显示，2019 年番禺的常住人口为 182 万，排名全广州第二，是黄埔的 1.58 倍，人口集聚程度更高。

表 4–8 广州各区常住人口情况

地区	常住人口（万人）
白云区	277.96
番禺区	182.78
天河区	178.85
海珠区	172.42
增城区	126.01
越秀区	120.97
黄埔区	115.12
花都区	110.72
荔湾区	101.2
南沙区	79.61
从化区	64.95

数据来源：广州统计局

第二，黄埔虽然产业发达，工厂遍地，但其中有不少是蓝领人口。这种群体有两个特征：一是买房的意愿弱于大学生，赚到的钱有可能会寄回老家盖房子；二是即便想在当地买房，也难以凑齐“六个钱包”。

而番禺吸纳的，有很多是在主城区工作的白领人群，其购买力更强。像在越秀区广州大道中 289 号南方大院工作的媒体人，就有大量居住在番禺，使得番禺也有了一个戏称——番罗旺斯。比起人口数量占优，人口质量的作用是更加关键的。

这两个因素的叠加，使得番禺的房价贵过黄埔。

不过有一点需要强调，这些都是由过去的历史条件所造就的。未来随着各类外在环境的改变，黄埔与番禺的房价关系也会处于不断的动态调整之中。

作为粤港澳大湾区国际科技创新中心的主要承载区，广深科创走廊一共有 10 个核心创新平台，广州 4 个，而黄埔区就占了其中一半。

伴随着大湾区建设的深化推进，黄埔会逐步迈向科技高地，总部经济和研发机构会越来越多。而且，在广州东进战略下，未来几年黄埔的教育资源、商业设施、地铁密度等配套环境也会水涨船高，从而导入更多高质量人才。长期来看，黄埔的房价还会继续涨。

投资避坑法则之三：是不是交通中心？

我们可能是全世界最热衷于建新城、新区的国家了。

据新华社不完全统计，截至 2016 年 5 月，全国县以上新城新区超过 3500 个，规划人口达 34 亿。这些规划能容纳全世界近一半人口。连见多识广的新华社记者也不得不惊呼，到底谁会来住？①

有的新城、新区很成功，像上海的浦东新区，就承载了综合性国家科学中心张江、国际金融中心陆家嘴。也有的比较败笔，像兰州新城一度沦为“鬼城”。

同样是新城，为什么命运迥然不同？

我们以佛山新城为例进行说明。在佛山的城市规划当中，佛山新城被纳入中心城区，与千灯湖金融服务中心、禅西新城中心和祖庙商业文化中心并列为四个市级中心，定位不可谓不高。

从地理位置上看，佛山新城是整座城市的地理几何中心。往北跨过小小的潭州水道后，便是禅城老城区。往南推进，是经济最发达的顺德区。

自 2003 年启动建设之后，佛山便砸下重金在新城开建了很多公共服务设施，包括市博物馆、市图书馆、市文化馆、市科技馆、市体育中心等等，居住环境和生态环境相当不错。

香港理工大学、中国移动（佛山总部）、建设银行（佛山总部）、农业银行（佛山总部）、平安银行、前海人寿、顺联、蒙娜丽莎等企业总部亦准备或已经在此落户。

不过，佛山新城直到今天人气还不是很旺。工地很多，街面却有点冷清，这是为什么呢？

---

① 参见乌梦达、董建国、徐海涛：《全国新城规划人口 34 亿，谁来住？》，载于《新华每日电讯》2016 年 7 月 14 日。

这里已经有广佛地铁线，往北前往千灯湖金融服务中心、祖庙商业文化中心不是很方便吗？

没错，佛山新城确实通了地铁，但对于富裕的南海人和禅城人来说，这里是地铁的终点站，心理上如同郊区。对于没有通地铁的顺德人来说，这里则距离太远，往返耗时较长。

一句话，佛山新城虽然是城市的地理几何中心，但不是城市的交通中心，一定程度上阻碍了人口吸纳。

今天，佛山正在修建贯穿南北的佛山 3 号线、东西走向的广佛环线，另有广佛江珠城轨已进入规划阶段。

等几年后这些轨道交通落地，佛山新城就有机会彻底摆脱交通末梢的局面，一跃成为交通中心。到时候，佛山新城作为连通南海跟顺德的中间节点的区位优势，就会真正爆发出来，成为整个佛山生产要素交换的综合枢纽，其人口流入一定会越来越多。

这就像当年广州的珠江新城一样。它也是广州的地理几何中心。二十余年前刚启动的时候，对于老城区的居民来说，珠江新城就是农田和郊区，感觉很偏远。但是后来随着十字交叉的 3 号线、5 号线贯通，珠江新城从地理几何中心变成了交通中心，极大推动了中央商务区的建设。综合来看，佛山新城并没有任何地理区位上的硬伤，前景可观。

基于同样的道理，我们也就能读懂广州南沙新区的前世今生了。

从战略位置上看，南沙确实很有优势，它是粤港澳大湾区的地理几何中心，方圆 100 公里范围内几乎覆盖了珠三角的所有城市。

从定位上来看，南沙是国家级新区、广东三大自贸试验片区之一，也是广州市唯一的城市副中心。《粤港澳大湾区发展规划纲要》中，也专门用了很长的篇幅提及南沙，要将其打造成粤港澳全面合作示范区，大湾区国际航运、金融和科技创新功能的承载区，高水平对外开放门户。

南沙是广州的希望。多年前，广州就明确提出要在南沙这一片土地上，再建一个“新广州”。

不过，南沙区政府离广州市中心直线距离约 40 公里，相当于天津滨海新区到天津主城区，中间还有连绵的农村隔离带，理论上要算是另外一个城市。隔空再造一个飞地的难度是很大的。

而且，南沙过去仅仅是大湾区的地理几何中心，并不是交通中心。它犹如一座半岛直插伶仃洋，与两岸略有隔离，无法自然而然地成为整个大湾区的要素交换平台，来承接各个城市的人流、物流、资金流、信息流。

这也是南沙至今为止人口导入一直较慢的原因。

2015 年 7 月 31 日广东省人民政府正式批复《广州南沙新区城市总体规划（2012—2025 年）》，该文件预测南沙新区至 2025 年的常住人口规模为 230 万—270 万人。到 2019 年末，南沙实际人口是 79.6 万人，距离 270 万的目标还很远。

当然了，南沙的区位条件不是一成不变的。广州正在投入巨资撑开南沙的骨架。

第一，2017 年国家批复广州城市轨道交通第三期建设规划，本轮地铁规划的最大亮点就是支持南沙发展。在原有的地铁 4 号线基础上，广州给南沙再量身打造了 18 号线、22 号线。

这两条线路，是广州历史上首次采用市域快线的模式，列车最高运行时速为 160 公里，比广州最早建设的 1 号、2 号线足足快了一倍。全部建成后，从南沙到天河只要 30 分钟，至白云机场只要 45 分钟，时空距离大为缩短。

广州还规划建 18 号线向南延伸至中山、珠海，一旦获得国家发改委批准，南沙的势力范围将贯穿整个珠三角西岸。

第二，广东正在规划修建深中通道的支线。主干道连接中山跟深圳，支线则连接到了南沙。建成后，南沙自贸区到深圳宝安机场、前海自贸区大概 20 分钟车程。

有了这些超级工程，南沙将进一步坐实粤港澳大湾区的几何中心地位。大湾区的各种资源将流通起来，更多地汇入南沙。

这个片区的成熟蜕变，可能需要十年时间。投资南沙，更适合长期持有心态。

投资避坑法则之四：辨别单中心还是多中心

在一个单中心城市，房子盖得越多越涨价。[①]

因为地段是不可复制的，市中心拥有最好的资源，所有人都想把房子置换到市中心去住。在核心地段上，每一单位面积所承载的潜在购房需求是很大的。

随着城市的发展，越来越多的人口涌入之后被迫住在郊区。对于核心地段房子的需求，就会不断累加、越积越多，这里的房价就很容易蹿上天，贵到离谱。

城市面积扩大得越快，市中心的房价就会涨得越猛。自然而然地，市中心就会成为整座城市的房价火车头，并拉动全市房价上涨。以市中心为圆心，越外围越便宜。

如果是一个多中心城市，这座城市的资源则是分散的，工作机会集中在不同的地方。人口膨胀之后，他们的置业需求也会分散开来，市中心每一单位面积所承载的潜在购房需求大为减少。这样传统主城区的房价就会比较温和。

苏州就是非常典型的案例。

这个中国第一大普通地级市，GDP 逼近 2 万亿元，人口 1000 多万。在 2019 年成为楼市“妖股”之前，住宅均价长期跑输很多城市，看起来跟经济体量不相匹配。

原因之一就是，大苏州是一个多中心的城市，左边是高新区，中间是姑苏区，右边是工业园区，就业和居住分布比较平衡，缺乏一个房价火车头来拉动。

---

① 参见陈淮：《广厦天下：房地产经济学 ABC》，中国发展出版社 2011 年版，第 187 页。

在单中心城市，投资要尽量买在主城区，这样的房子最保险。城市的常住人口每增加一个人，这里的房价就会多一分上涨的动力。

在多中心城市，投资倒不一定非要买在主城区，下边的行政区、经济功能区同样具有价值。就好比佛山，作为一个弱市强区的城市，北滘新城、佛山新城同样值得考虑。

参考文献

包永辉：《黑马南通》，浙江人民出版社 2012 年版

陈芳、董瑞丰：《“芯”想事成》，人民邮电出版社 2018 年版

陈淮：《广厦天下：房地产经济学 ABC》，中国发展出版社 2011 年版

段忠桥编：《当代国外社会思潮》，中国人民大学出版社 2010 年版

范岱克：《广州贸易》，社会科学文献出版社 2018 年版

费孝通：《中国士绅》，生活 · 读书 · 新知三联书店 2009 年版

费正清、麦克法夸尔：《剑桥中华人民共和国史》，中国社会科学出版社 1998 年版

《佛山制造》编委会：《佛山制造》，广东人民出版社 2017 年版

傅高义：《邓小平时代》，生活 · 读书 · 新知三联书店 2013 年版

高铁见闻：《高铁风云录》，湖南文艺出版社 2015 年版

葛培健：《张江模式》，复旦大学出版社 2017 年版

郭庆旺、吕冰洋：《中国分税制》，中国人民大学出版社 2014 年版

哈耶克：《通过奴役之路》，中国社会科学出版社 1997 年版

杭州课题组：《杭州》，当代中国出版社 2008 年版

胡宏伟《温州炒房团》，浙江人民出版社 2004 年版

黄汉城、史哲、林小琬：《中国城市大洗牌》，东方出版社 2020 年版

霍英东、冷夏：《时局的生意》，凤凰出版社 2013 年版

李安定：《车记》，生活 · 读书 · 新知三联书店 2011 年版

李谷若：《国际货币体系改革与人民币国际化》，中国金融出版社 2009 年版

李光耀：《李光耀观天下》，北京大学出版社 2015 年版

李晓鹏编:《城市战略家》，中国发展出版社 2014 年版
陆阳、史文学:《长三角批判》，中国社会科学出版社 2008 年版
路风:《光变》，当代中国出版社 2016 年版
路风:《走向自主创新》，中国人民大学出版社 2019 年版
罗天昊:《大国诸城》，浙江大学出版社 2012 年版
明锐、逸峰:《江泽民在上海 1985—1989》，上海人民出版社 2011 年版
史景迁:《太平天国》，广西师范大学出版社 2011 年版
陶一桃、鲁志国主编:《中国经济特区史要》，商务印书馆 2010 年版
王冠群:《人民币国际化问题研究》，经济科学出版社 2016 年版
王辑宪:《中国港口城市的互动与发展》，东南大学出版社 2010 年版
王云帆编:《长三角大悬念》，浙江人民出版社 2008 年版
无锡课题组:《无锡》，当代中国出版社 2017 年版
肖宾:《股市风云二十年》，机械工业出版社 2010 年版
谢国平:《浦东故事》，新世界出版社 2015 年版
严鹏:《简明中国工业史》，电子工业出版社 2018 年版
姚斌华、韩建清:《见证广州汽车十年》，广东人民出版社 2008 年版
伊佩霞:《剑桥插图中国史》，山东画报出版社 2001 年版
曾培炎:《西部大开发决策回顾》，新华出版社 2016 年版
张东明编:《广州策论》，南方日报出版社 2013 年版
张国宝:《筚路蓝缕》，人民出版社 2018 年版
张军主编:《深圳奇迹》，东方出版社 2019 年版
张忠谋:《张忠谋自传》，生活 · 读书 · 新知三联书店 2001 年版
章奇、刘明兴:《权力结构、政治激励和经济增长》，格致出版社 2016 年版
钟坚:《大实验：中国经济特区创办始末》，商务印书馆 2010 年版
周其仁:《城乡中国》，中信出版社 2014 年版

后记

多年前，我曾差点被“鬼”附身。

当时我还是个小毛孩，走在老家L镇的中心地带。一栋四五层楼高的新建住宅里，一个瘦高男子披着松垮的道士服，脚穿草鞋，手持三叉，一边嘴里念念有词，一边游走翻腾。在他身后，是一张朱色方桌，上边放有香炉、桃木剑、铃铛等法器。

一口油锅架在大厅的火炉上，冒出滚滚热气，他往里边喷出一口酒精，一股赤色的火焰“呼”一声，蹿到了空中，烧得房内“恶煞”难躲。一旦仪式结束，男子就会将一些咒符贴在墙上，任它自由风化，绝不人为撕毁。

这种迁家仪式，有一个外地人不明就里的名字——净油火。彼时年幼好奇的我想逗留观看，却被旁人断然喝住：“别往里边瞧，鬼跑出来要附在你身上。”我当时一个哆嗦，怀着一半怀疑一半敬畏的心态，匆匆走开了。此后再也没围观过。

这样的故事，直到现在依然在L镇上演。这个有着20万人口的“小镇”，位于中国东南边陲，离最近的海岸约20公里，是一片充满海洋文明精神的土地。

在L镇人看来，神明是一种说不清道不明的存在，无法证实，也无法证伪。因此，他们宁可信其有，不可信其无。老一辈人固执地认为，“神明”在我们看不见的世界当中，维持着另外一种秩序。

后来，我大学毕业之后在一线城市工作，依旧对这个世界充满了好奇。

一个几百万乃至上千万人口的城市，到底是谁让它变成今天这副模样？这台超级庞大、无比复杂的机器，到底是如何运转起来的？媒体生涯无法满足我对世界的好奇心，所以我转行研究起了区域经济。

过去四十年，中国依靠工业化、城镇化两条腿飞速发展。上亿农民涌入城市燃烧自我，有的人成功变身城市人，撕掉了原有的身份标签，城市居民则想方设法进入精英阶层，拥有更大的话语权。每个人的眼里都充满着渴望。

新加坡国父李光耀认为，这种阶层流动维护了中国社会的稳定。这也是过去在东西差距、城乡差距、居民收入差距几大割裂的语境之下，中国依旧能够持续发展的关键原因之一。

当前，中国的城镇化进程刚刚迈入下半场。我们的城市还会继续膨胀，变得越来越大。广州、深圳、成都、武汉都在往两千万人口的方向蒙眼狂奔……

这些城市承载了无数人的梦想。每一座城市的兴盛衰落，越来越与个人命运相互牵连。早期的大学生毕业后，一个回西部省会工作，一个南下深圳打拼，最后都在当地安家置业，现在的房价肯定是天跟地的差别。

尝试去认知自己所在的城市，具有相当现实的意义。

所谓细节藏着魔鬼，我相信要读懂一座城市的前世今生，必须在数据当中做一些考古工作，必须一锹一镐，才能挖掘出事件的本貌。

所以，本书不是从档案、县志等旧书堆里，去书写城市的百年沧桑，而是着眼于当下和未来，试图用数据去推演一点小趋势。

细心的朋友可能会注意到，本书的主角是城市，没有出现背后的决策者、执政者。它将特定的城市拟人化，隐藏了一个个生动的故事和人物脸谱。

这是本书的一点遗憾。毕竟历史是由人所创造的，城市的命运走向，很大程度上也是由地方政府官员所掌舵的。

希望在下一本书当中，我们能有所改善。

另外，有一点需要格外说明的是，本书有很多数据来源于官方，但有关部门往往是滞后一两年才公布数据，有些相关数据甚至都不公布，所以本书部分图表采用的 2018 年、2017 年数据，实际上大多数已经是写稿的时候能够找到的最新数据。

本书能够最终付梓，首先得益于智谷趋势各位同人的支持，尤其是邓科、史哲两位老师，给予了本人很多鼓励和启发。智谷趋势有一支非常优秀的团队，与之共事，荣幸至极。

此外，若非东方出版社编辑王端、策划人高玉梅两位老师的帮助，以及中山大学徐宗琴同学做了大量的数据整理工作，难以想象此书能够顺利出版，在此表示感谢。

同时，我还要特别感谢我的家人。多年来，我太太一直在身边鼓励着我，让我在人生的几个关键选择上，勇于尝试。我之所以能够成为今天的我，有一大半的功劳属于我的太太。

由于本人学术水平有限，本书难免有错漏之处，请各位读者批评指正。

千里莺啼绿映红，水村山郭酒旗风。

南朝四百八十寺，多少楼台烟雨中。

让我们，继续走读大中华。

黄汉城

广州中山大学

2020 年 4 月 20 日

【智谷趋势系列丛书】

《中国城市大洗牌》

《谁是中国城市领跑者》

智谷趋势成立于 2013 年，现已成为中国领先的宏观趋势分析机构和财经内容提供商，覆盖了超过 800 万的财经用户，其成果被《华尔街日报》《外交政策》等重要媒体机构引用和报道。

作为极具影响力的先锋民间智库，智谷趋势的研判分析经常进入决策者视野，影响了最有影响力的人。其客户多集中在全球 500 强和中国 500 强。旗下公众号入选清华大学、人民网十大“最具影响力财经微信公众号”、胡润百富榜自媒体公众号 TOP 30，目前已形成了新媒体矩阵，包括楼市黄大大、海外掘金、广州楼市情报等系列公众号。

智谷趋势　　楼市黄大大　　海外掘金　　广州楼市情报